Talking to Heaven

Nina Herzberg

Talking to *Heaven*

EchnAton Verlag

Wichtiger Hinweis:

Die im Buch veröffentlichten Empfehlungen wurden
von der Verfasserin und vom Verlag sorgfältig erarbeitet und geprüft.
Eine Garantie kann dennoch nicht übernommen werden.
Ebenso ist die Haftung der Verfasserin bzw. des Verlages und
seiner Beauftragten für Personen-, Sach- und
Vermögensschäden ausgeschlossen.

Bei möglichen unterschiedlichen Schreibweisen
wurde die von der Duden Redaktion empfohlene
Schreibvariante verwendet.

1. Auflage Juni 2019

Gesamtherstellung: Diana Schulz
Covergestaltung: Diana Schulz
Lektorat: Angelika Funk
Autorenfoto: © Kristian Scheffler, Leipzig
Druck und Bindung: CPI books GmbH, Leck
ISBN: 978-3-96442-013-8

www.echnaton-verlag.de

Für meine Familie
in dieser und der geistigen Welt

Inhalt

Die Liebe stirbt nie

Lebenssinn und Sinnfindung

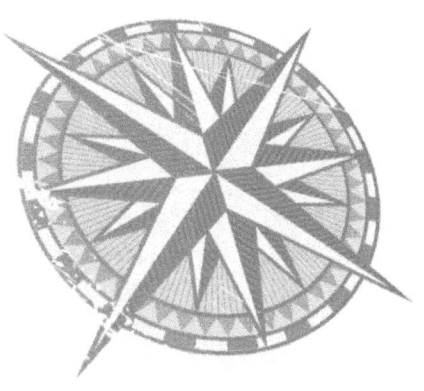

Prolog

Vor einigen Jahren verstarb mein Vater und obwohl ich Medium bin und jeden Tag mit Verstorbenen kommuniziere, hat mich sein Tod aus der Bahn geworfen.

Meine Trauer und mein eigener Schmerz haben mich dazu geführt, mit meinem Vater in der geistigen Welt zu reden und viele Dialoge zu führen. Seine Ratschläge waren mir zu seinen Lebzeiten sehr wichtig. Er war für mich ein Vorbild, Freund und Begleiter.

Und auch nach seinem Tod half er mir durch unsere Gespräche, Antworten zu finden, die mir einen anderen Blickwinkel auf meine Trauer gaben.

Mit diesem Buch möchte ich dich berühren und dir helfen, ebenfalls einen anderen Blickwinkel auf deine Themen zu bekommen. Ich möchte dir zeigen, dass das Leben der Seele nicht mit dem Tod endet und dass du noch immer in Kontakt mit deinen Verstorbenen treten kannst.

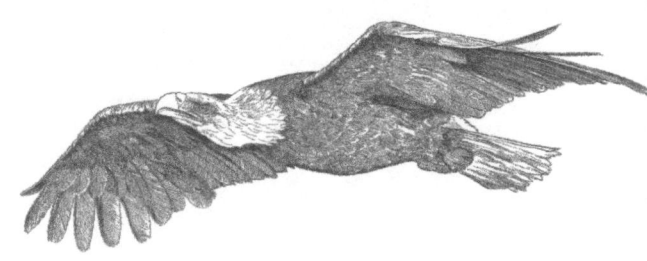

Von Tod und Trauer

»Einige Menschen
kommen in unser Leben
und verblassen schnell wieder,
andere bleiben eine Weile
und hinterlassen Abdrücke
auf unseren Herzen – und wir sind
nie wieder wie zuvor.«

Unbekannt

Wir

Mein Vater, mit dem ich die meisten dieser Dialoge schreibe, war ein sehr präsenter Mensch. Nach seinem Tod kamen viele entfernte Bekannte und Unbekannte auf mich zu und meinten: »Deinen Vater werde ich nie vergessen. Niemals zuvor habe ich einen so präsenten Menschen kennengelernt. Er hat nachgefragt, hatte immer einen Rat und hat sich – auch wenn wir uns kaum kannten – wirklich für mich interessiert. Er war sehr speziell.«

Speziell und präsent, das sind zwei Worte, mit denen auch ich ihn beschreiben würde, da sie frei von Bewertung sind.

Jede Eigenschaft hat gute wie schlechte Seiten. Ich habe meinen Vater oft als unruhig, fast rastlos empfunden – vielleicht, weil er tief in sich spürte, dass er keine 80 Jahre alt werden würde, vielleicht, weil er viel in die Welt bringen wollte.

Er hatte einen Ehrgeiz und eine Motivation, sich für Dinge zu begeistern, die ich sehr an ihm mochte. Er war noch mit 60 wie ein kleines Kind, das sich für Technik, Sport, Zusammenhänge, Menschen und die Welt interessierte. Grenzen schien es für ihn nie zu geben und manchmal hätte ich mir ruhigere Zeiten mit ihm gewünscht. Ich habe ihn selten entspannt und einfach nur glücklich erlebt. Immer gab es neue Ziele, die er sich steckte. Meine Freunde liebten meinen Vater, weil er auf jeder Party mittanzte, Musik immer laut aufdrehte und sich mit jedem gut verstand. Manchmal war mir das etwas peinlich, denn er sprach auch mit jedem, ob es mir nun recht war oder nicht. Aber er war stets ein sehr großzügiger Mensch und eine gute

Seele. Durch die Dialoge, die ich nach seinem Tod mit ihm geführt habe, durfte ich eine andere Seite an ihm kennenlernen, die mich zutiefst berührt hat. Ich habe verstanden, dass diese ›gute Seele‹, als die er für viele galt, seinen wahren Seelenkern ausmachte. Nur war dies aufgrund seiner Rastlosigkeit nicht immer deutlich erkennbar – dieser Rastlosigkeit, die zu einem Muster gehörte, das er lebte, um seinen wahren Gefühlen aus dem Weg gehen zu können.

Die Verbindung zu meinem Vater war schon immer gut, aber je älter ich wurde, umso intensiver und besser wurde sie. Als ich ein Kind war, hat er viel gearbeitet und ich habe mich oft ungeliebt von ihm gefühlt. Er war als Finanzdienstleister tätig und beruflich viel unterwegs. Das änderte sich, als wir mehr Zeit miteinander verbringen konnten und er weniger arbeitete.

Besonders in den zwei Jahren seiner Krebserkrankung habe ich mich ihm sehr nah und wie eine gute Freundin gefühlt.

Ich, nun wer bin ich? Ich bin Nina, 38 Jahre alt, verheiratet und Mutter zweier Söhne. Ich konnte schon als Kind Energien lesen und Dinge wahrnehmen, die für unsere Augen unsichtbar sind.

Dieses Talent wurde mir nach einem Nahtoderlebnis mit 5 Jahren bewusst. Ab diesem Zeitpunkt konnte ich Emotionen bei Menschen sehen, auch wenn diese sie selbst nicht erkannten, konnte die Aura wahrnehmen und habe mit Geistwesen gesprochen und Tipps von ihnen erhalten.

Ich habe dieses Talent bei Pascal Voggenhuber in der Schweiz 4 Jahre lang ausbilden lassen und arbeite seit 2014 professionell als Jenseitsmedium in meiner Praxis im Rhein-Main-Gebiet und halte deutschlandweit Vorträge und Seminare.

Da ich in der Kindheit mit Gewalt und Ohnmacht konfrontiert

war, ist es mein Hauptanliegen, Heilung in diese Welt zu bringen. Ich möchte immer hinter die Dinge sehen, sie zutiefst begreifen und dadurch Frieden finden. Heilung ist mein täglicher Anreiz aufzustehen und zu arbeiten. Die Dialoge, die ich hier veröffentliche, haben keinen Anspruch auf Vollständigkeit. Sie sind gemeinsam mit der geistigen Welt geschrieben und mir ist bewusst, dass sie immer auch von meiner persönlichen Meinung und durch meine Worte gefärbt sind.

Wenn ich mit der geistigen Welt schreibe, schreibe ich blind, ohne zu sehen, was ich geschrieben habe, und lasse die Verstorbenen oder Geistführer meine Finger leiten. Erst im Nachhinein sehe ich, was genau geschrieben wurde. Die Texte sollen inspirieren, zum Nachdenken anregen und eine Hilfestellung für andere sein.

Paul ist mein Geistführer. Ein Geistführer ist ein Seelenwesen, das unseren Lebensplan kennt und uns von der Geburt bis zum Tod auf dieser Welt unterstützt, diesen Plan umzusetzen. Er hat ähnliche Funktionen wie ein Schutzengel, ist für mich aber mehr ein Freund und Ratgeber als ein Beschützer. Da ein Geistführer früher selbst inkarniert war, kann er unsere menschlichen Themen und Probleme gut verstehen. Seine Tipps sind häufig pragmatisch und einfach umsetzbar.

Die Kommunikation mit ihm funktioniert genauso wie mit Verstorbenen über Seelensprache. Das heißt, ich bekomme innere Bilder und Gedanken übermittelt, die nicht meine eigenen sind. Ab und an höre ich auch Geräusche, schmecke oder rieche etwas, das nicht wirklich im Außen vorhanden ist, oder fühle Emotionen und körperliche Beschwerden aus der geistigen Welt an meinem eigenen Körper.

Wenn ich mit der geistigen Welt kommuniziere, gehe ich sozusagen mit meiner Seele auf eine andere Frequenz und nehme dort Energien wahr, die ich wiederum übersetze. Paul hat mich schon seit der Geburt begleitet. Bewusst wurde es mir allerdings erst wirklich, als er mich bei meinem Nahtoderlebnis wieder aus der geistigen Welt zurück in meinen Körper begleitete und seitdem zu meinem Alltag gehört und mein Leben beeinflusst.

Nach dem Tod geht's weiter

Ich: Papa, unsere Verbindung ist jetzt oft noch enger als früher. Es erstaunt mich immer wieder, wie es sein kann, dass ich dich so klar wahrnehme, so liebevoll, ohne die ganzen Missverständnisse und Streitereien, die wir hatten. Du bist ruhiger geworden, das irritiert mich manchmal.

Ich freue mich inzwischen, wenn du mich nervst, der Fernseher mal wieder beim 5. Programm hängen bleibt und ich nicht mehr umschalten kann. Oder wenn ich beim Telefonat mit Mama nichts mehr verstehe, weil du die Verbindung unterbrichst. Früher hat mich deine Präsenz angestrengt. Du wusstest immer alles besser, hast deine Meinung zu allem gesagt, auch wenn man dich nicht gefragt hat. Ich weiß es noch, als sei es gestern gewesen, als du bei uns zu Besuch warst, durchs Haus gegangen bist und an allem etwas auszusetzen hattest. »Die Fliesen im Hausflur sind aber hässlich, die müsst ihr neu machen lassen.«

>> Kurz eine Pause, die Schrift hat gerade von Times auf Helvetica gewechselt und im Radio fing im selben Moment »Sound of silence«, das du mir und Mama ganz laut im Herbsturlaub im Auto geschickt hast, an zu spielen. Danke Papa, dass du dich sogar in meine Texte einmischst und mit mir schreibst.

Jetzt hast du mich ganz schön rausgebracht, aber weißt du, das liebe ich so an dir. Dir ist kein Aufwand zu groß, um mir zu zeigen, dass du da bist und mich liebst.

Ein anderer Blickwinkel
auf die Trauer

Papa: Es ist gut.

Ich: Nichts ist gut. Es tut so schrecklich weh. Es ist für mich nicht zu begreifen, dass du nicht zu mir zurückkommst, nicht da bist.

Papa: Ich bin bei dir.

Ich: Was machst du?
Papa: Ich lache. Ich habe Freude.

Ich: Wie kannst du lachen, wenn ich so sehr leide?

Papa: Du leidest nur, weil du nicht mit mir lachst.

Ich: Wie soll ich mit dir lachen? Ich bin nicht bei dir.

Keine Antwort.

Plötzlich wird mir leichter ums Herz. Es kommen wunderschöne Bilder in meinen Kopf und ich sehe Papas Lachen vor mir und fühle Wärme – eine Wärme von ihm bei mir.

Papa: Merkst du, dass es geht?

Ich: Ein wenig. Ich verstehe es nicht.

Papa: Das musst du nicht. Hör endlich auf, etwas verstehen zu wollen, auch bei den Einzelsitzungen. Du stehst dir damit nur selbst im Weg. Vertrauen sollst du, nicht verstehen!

Ich fühle mich ein wenig besser, aber dumpf fühlt sich mein Herz immer noch an.

Ich: So viel geweint, so viel getrauert. Ein seltsames Ding, diese Trauer. Ich begreife es nicht. Ich trauere gerade darum, dass ich dich nicht anrufen kann, deine Stimme hören, dich umarmen, mit dir lachen, etwas mit dir unternehmen kann.

          Papa, bitte komm ganz nah zu mir, sodass ich dich spüren kann. Mach bitte etwas, das mich überrascht, damit ich weiß, dass es nicht mein eigenes Wunschdenken ist.

Ich schließe die Augen. Es ist hell und warm, die Sonne scheint. Ich sehe eine Bank. Sie steht auf einem Wolkenmeer. Papa sitzt auf der Bank in einem hellblauen Hemd und Jeans und lächelt. Ich setze mich ganz selbstverständlich daneben.

Papa: Hier oben tut es nicht weh, oder?

Ich: Nein, hier ist es gut. Ich kann neben dir sitzen und es fühlt sich völlig harmonisch an. Ich spüre keine Sehnsucht, keine Trauer, alles ist gut, so wie es ist.

Papa: Und das ist es, was ich jeden Tag fühle. Daher tut es mir sehr leid, euch leiden zu sehen. Aber ich spüre es nicht so wie ihr. Für mich ist alles genauso, wie es ist, vollkommen, ruhig, klar und gut. Vielleicht kannst du dir das Gefühl einprägen. Dann verstehst du besser, warum, wenn es dir schlecht geht, ich mich weiter entfernt anfühle und wenn es dir gut geht, du mich näher bei dir fühlst.

Ich verändere meine Entfernung nicht. Du bewegst dich von mir weg, wenn du leidest. Du gehst dann in deine eigene Welt und bist auf einer anderen Ebene als ich. Nicht für dich ist es schwerer, mir nah zu sein, sondern für mich ist es viel schwerer, dich zu erreichen oder dir Botschaften zu schicken.

Du musst dich jetzt nicht schuldig fühlen, weil es dir schlecht geht. So war das nicht gemeint. Ich kenne dich ja. Es ist nur eine Zeitfrage, dann geht es dir wieder besser. Und du weißt: Bei uns existiert keine Zeit. Daher fühl dich bitte mir gegenüber nie schuldig. Wenn du gerade den Prozess des Trauerns brauchst, dann ist das völlig in Ordnung.

Ich: Denkst du noch manchmal an die Vergangenheit und alle Erlebnisse, die wir zusammen hatten?

Papa: Es ist kein Denken in dem Sinne, wie du es machst. Es ist eher ein gespeichertes Erleben. Ich habe alle Erinnerungen quasi als simultan abgespeichert in meinem ›Inneren‹. Es fühlt sich so an, als ob ich auf alles, was ich in meinem Leben erlebt habe, gleichzeitig und in gleicher

Intensität wie damals zugreifen kann und alles immer vorhanden ist. Auch alles, was ich verdrängt hatte.

Ich: Danke Papa, ich verstehe es nun viel besser und ich kann es fühlen.

Alles ist vollkommen

Ich: Papa, bist du noch jemals traurig?

Papa: Nein, das bin ich nicht.

Ich: Wie geht das?

Papa: Indem ich alles überblicken und verstehen kann.

Ich: Das möchte ich auch gern können.

Papa: Das kannst du.

Ich: Wie meinst du das?

Papa: Du kannst es, wenn du willst. Wenn du ehrlich zu dir selbst bist, kannst du nicht traurig sein. Sag mir ein paar Dinge, die dich traurig machen.

Ich: Dass Marcel (mein Mann) und ich so wenig Zeit füreinander haben, dass ich dich nicht mehr anrufen kann, dass meine Schwester ins Ausland zieht, dass ich mich oft schwach fühle ...

Papa: Okay, fürs Erste reicht das. Mit Marcel ist es ganz einfach: Die Traurigkeit zeigt dir nur, dass du nicht auf dein Gefühl hörst, dass du es gerne anders hättest, es aber nicht veränderst. Nehmt euch Zeit füreinander, eure Kids sind schon so groß. Stelle die Arbeit hinten an. Ändere es und sofort löst sich die Traurigkeit auf.

Mich anrufen? Was tust du denn gerade? Jetzt mal ehrlich, hör auf, dir selbst etwas vorzumachen.

Nächster Punkt: deine Schwester. Du weißt ganz genau, dass sie das machen muss. Warum also bist du traurig? Freue dich mit ihr und für sie. Es gibt keine Trennung, auch nicht zwischen den Kontinenten, das muss ich dir ja wohl nicht erklären.

Der letzte Punkt ist ähnlich wie der erste: Die Traurigkeit deinem eigenen Zustand gegenüber zeigt dir nur, dass du etwas verändern musst. Wenn du das ignorierst, dann kommen ›unangenehme‹ Gefühle oder auch Schmerzen. Mache etwas Schönes, genieße den Alltag, freue dich über Dinge, lache und vor allem stresse dich nicht mehr mit deinen eigenen Ansprüchen.

Ich: Das hört sich alles verdammt leicht an, wenn du das sagst.

Papa: Beschließe jetzt und sofort, dass es einfach ist. Das heißt nicht, dass es immer und sofort klappt. Du stolperst auch mal, du bist auch mal wieder traurig, aber beschließe, dass es einfach ist, es so zu sehen, wie ich es tue. Ich helfe dir.

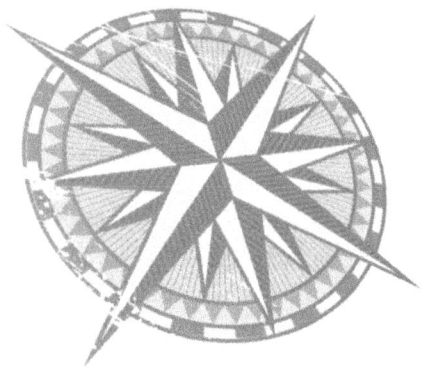

Verstorbene

»*Wenn jemand stirbt,*
verändert sich alles.
Und doch bleibt das Wichtigste gleich –
das Band der Liebe.«

Wenn ein Mensch stirbt, ist seine Seele frei. Das Materielle, der Körper, ist vergänglich, die Seele ist Ewigkeit. Die geistige Welt zeigt mir die Seelen alle ähnlich, beim Tod unterscheiden sich jedoch die Empfindungen abhängig von der Todesart oder Todesursache.

Wenn ein Mensch an einer langen, schweren Krankheit litt und immer schwächer wurde, berichten viele Verstorbene im Nachhinein, dass sie am Ende ihrer Krankheit immer wieder Momente erlebten, in denen sie sich schon mit einem Bein in der geistigen und mit dem anderen in der menschlichen Welt befanden.

Sie schliefen viel und nahmen oft auch im Halbschlaf ihre verstorbenen Angehörigen wahr. Häufig bekamen sie stärkere Medikamente, die ihnen zum einen das Loslassen aus dieser Welt ermöglichten, zum anderen aber auch Zustände hervorriefen, in denen sie die geistige Welt präsenter wahrnehmen konnten.

Bei diesem Todeshergang berichten die Verstorbenen oftmals, dass es sich beim eigentlichen Sterbeprozess um ein Auf-die-andere-Seite-Hinübergleiten gehandelt habe. Sie seien eingeschlafen bzw. dadurch, dass sie zuvor schon wiederholt auf der anderen Seite gewesen seien, sei es leicht gewesen zu gehen. Manche Seelen empfinden es wie einen Tunnel, manche wie ein Aus-dem-Körper-gezogen-Werden.

Verstorbene, die an einem Unfall starben oder einem plötzlichen Tod erlagen, berichten mir im Jenseitskontakt, dass sie einfach neben sich gestanden hätten. Sie sagen, dass das Sterben an sich keine ›große Sache‹ gewesen sei und sie selbst erstaunt darüber gewesen seien. Sie standen neben sich, sahen ihren Körper, hörten die Menschen reden, fühlten eine unglaubliche Leichtigkeit und Liebe. Besonders für Unfallopfer oder bei sehr plötzlich eingetretenem Tod berichten sie, dass es eher ein Erstaunen und ein Im-Nachhinein-Realisieren gewesen sei.

Alle Verstorbenen wissen aber unabhängig von der Todesursache, dass sie tot sind.

Es gibt kein Hängenbleiben zwischen den Welten. Spätestens wenn sie sehen, dass jeder um sie trauert, und sie realisieren, dass es keine Zeit und keinen Raum mehr gibt, dass sie also überall gleichzeitig sein können und keine körperlichen Bedürfnisse mehr haben, verstehen sie, dass sie verstorben sind.

Jeder Verstorbene fühlt sich nach dem Tod leicht, und zwar unabhängig von der Todesursache. Er wird von seinen Liebsten, die vor ihm gestorben sind, abgeholt, er sieht andere Seelen und Geistführer wieder und fühlt sich sicher und beschützt. Die anderen Seelen in der geistigen Welt helfen dem Verstorbenen, sich zu orientieren und Heilung zu finden.

Die Verstorbenen sehen sich nach und nach ihre Themen an, die sie zu Lebzeiten beschäftigt hatten. Dieser ›Lebensfilm‹ hat unterschiedliche Laufzeiten und ist ›dreidimensional‹. Das heißt, die Verstorbenen erleben Situationen aus verschiedenen Blickwinkeln nochmals, sie sehen, wie sich alle Beteiligten gefühlt haben, was sie erleben mussten, wodurch und wovon etwas ausgelöst wurde.

Durch dieses dreidimensionale Erleben verarbeiten Verstorbene Traumata, Verletzungen, Gewalt, Enttäuschungen und andere Dinge, die sie erlebt oder getan haben.

So lösen sich Stück für Stück die alten Themen ab und am Ende ist die Seele völlig leicht und frei. Und selbst dieser Prozess ist weder Schmerz noch Strafe, denn die Verstorbenen werden auch dabei von Angehörigen und Geistwesen begleitet.

Verstorbene haben auf viele Themen von früher einen besseren Überblick, aber sie sind nicht allwissend. Sie behalten ihren Grundcharakter in der geistigen Welt bei. Sie begleiten ihre Hinterbliebenen weiterhin im Alltag und verbringen gerne Zeit mit ihnen. Sie können sich in Gedankenschnelle fortbewegen, denn sie sind reine Energie.

Ich vergleiche die Energie der Seelen und die Energie der geistigen Welt gerne mit Radiowellen. Radiowellen haben eine eigene Frequenz und wir können sie nur hören und wahrnehmen, wenn wir ein Radiogerät haben, welches wir auf ihre Frequenz einstellen.

So haben die Seelen von Verstorbenen eine andere Frequenz als unser Tagesbewusstsein und wir können sie nur wahrnehmen, wenn wir auf ihrer Frequenz schwingen. Manche Menschen gehen im Schlaf oder in der Meditation auf diese Frequenz, manche erst, wenn sie sterben.

Es gibt keine Trennung

Ich: Hallo Papa, ich vermisse dich. Wie geht es Dir?

Papa: Gut, das weißt du doch.

Ich: Und doch muss ich es ab und an von dir hören. Verstehst du das?

Papa: Ja, ich verstehe es. Auch wenn ich finde, dass du es mit deinem Vermissen übertreibst.

Ich: Warum meinst du das?

Papa: Weil du genau weißt, dass ich bei dir bin. Du bittest noch immer um Zeichen und zweifelst noch immer, obwohl du Medium bist und es WEISST.

Ich: Ja, aber ist das denn nicht menschlich?

Papa: Menschlich ja, aber völlig überflüssig. Du behinderst dich damit selbst. Du lähmst deine Kraft.

Ich: Du hast bestimmt recht. Aber wie ändere ich es?

Papa: Ändere dein Denken komplett. Beschließe HEUTE, dass es leicht ist. Beschließe HEUTE, dass du mich nicht mehr vermisst, sondern dass du mich spürst, mich kennst, mich immer bei dir hast.

Ich: Aber ich vermisse dich manchmal so, wie du damals warst. Hier. Als mein Dad aus Fleisch und Blut.

Papa: Das ist dein Fehler. Du akzeptierst nicht, was nicht zu ändern ist. Es ist so, als wenn du vor einem Baum stehen und immer wieder nach Pflaumen verlangen würdest, der Baum dir aber nur Äpfel geben kann. Würdest du das nicht auch annehmen und sagen: »Gut, dann nehme ich Äpfel, auch wenn ich lieber Pflaumen hätte. Vielleicht werde ich irgendwann einmal wieder Pflaumen bekommen, jetzt kann ich mich aber über die Äpfel freuen.«

Ich: Ich finde, der Vergleich hinkt. Genau dieser Baum, der mir jetzt nur Äpfel gibt, gab mir ja mal Pflaumen.

Papa: Kann ja sein, dass es dort mal Pflaumen gab. Das ist gut möglich. Jetzt gibt es aber eben nur noch Äpfel, ob du willst oder nicht. Du musst das nicht immer gut finden. Aber höre auf, von dem Baum Pflaumen haben zu wollen! Die Pflaumen gibt es dort nicht mehr.

Ich kann nicht mehr körperlich bei dir sein, wie ich es früher war. Das ist eine Tatsache. Ob du das nun schrecklich findest oder in Ordnung, das kannst du wählen. Da bist du frei. An der Tatsache wird es nichts ändern, aber daran, wie es dir damit geht. Du kannst die Situation annehmen, dann nimmst du auch mich an – so, wie ich gerade bin. Oder du kannst weiter um die Pflaumen kämpfen, dann kämpfst du gegen Windmühlen und ehrlich gesagt auch gegen mich. Denn du verleugnest damit die Realität und im Grunde auch mich. Und weißt du was, du spürst es bei Klienten ganz genau, dass ich recht habe. Wenn sie die Realität nicht annehmen können und es sich anders wünschen und ständig in der Vergangenheit leben, fühlst du sehr klar, dass es nicht zielführend ist. Du hast den Verstorbenen bei dir, spürst, dass eigentlich alles richtig, gut und heil ist, und wünschst dir, der Klient würde es genauso spüren.

Warum machst du es bei dir nicht?

Falls dich alle meine materiellen Sachen zu stark an das Leben vor meinem Tod erinnern, wirf sie weg. Das bin ich nicht mehr. Ich bin das hier. Ich bin der, der hier schreibt. Ich bin klar und ich bin heil. Ich bin nicht mehr in den materiellen Dingen. Ich bin Liebe.

Ich: Wow, Papa, das hört sich sehr kraftvoll und gut an, was du sagst. Ich danke dir für deine Worte.

Papa: Ich wünschte, du könntest sie noch mehr fühlen und leben.

Ich: Ich gebe mir Mühe.

Papa: Nein, das sollst du nicht. Du sollst loslassen und fühlen.

Ich: Okay, ich mache es.

Geistführer und Trauer

Paul hatte mich, als ich in der Trauer war, einen Text schreiben lassen:

Das Befreiende an der Trauer ist, dass vieles nicht mehr zählt. Plötzlich ist es nicht mehr wichtig, was die Nachbarn über den Garten sagen, ob ich geschminkt oder ungeschminkt bin, ob ich die letzten Wochen zu- oder abgenommen habe, ob die Spülmaschine kaputtgeht oder eine Delle im Auto ist. Vieles, was man sehr ernst genommen hat, wird plötzlich nebensächlich – verblasst im Anblick der Endlichkeit.

Wenn man seine Trauer annehmen kann, befreit es. Annehmen heißt, dass man sie da sein lässt, sie als Freund und nicht als Feind betrachtet, sie als das wahrhaftigste und ehrlichste Gefühl in diesem Moment ansieht, ohne sie festhalten oder ändern zu wollen. Dann plötzlich hört das Leiden auf und man merkt, welch große Freiheit die Trauer einem gibt.

Man kann sein ganzes Leben aus einem anderen Blickwinkel betrachten und sich selbst fragen: Ist es eigentlich wirklich das, was ich hier lebe, was wirklich zählt? Was mir wirklich Spaß macht? Was ich wirklich in die Welt bringen will?

Paul meint zum Thema Verlust:

Direkt nach einem Verlust sollte man nicht allein sein – am besten keine Minute. Es ist nicht leicht, Hilfe anzunehmen oder darum zu bitten, aber tue es trotzdem.

Es ist völlig normal, dass nichts mehr funktioniert oder Sinn zu machen scheint. Selbst einfachste Dinge wie Kochen oder das Rausbringen des Mülls fühlen sich für viele Menschen am Anfang nach einem Verlust an, als seien sie nicht zu bewältigen.

Wenn der erste Schock nachlässt, holt einen der Schmerz immer wieder ein. Es ist wichtig, diesen Schmerz auszudrücken. Viele Menschen müssen raus, laufen, schreien, weinen, malen, schreiben oder sich auf andere Art ausdrücken. Der Schmerz hat einen Sinn und einen Wert und möchte erkannt und ausgedrückt werden. Es gibt verschiedene Bereiche des Trauerschmerzes.

Häufig ist es am Anfang der Schmerz über den Verlust der Anwesenheit des geliebten Menschen. Später kommt der Schmerz meistens in Wellen, ausgelöst durch Situationen oder Erinnerungen, Bilder oder Träume, die in engem Zusammenhang stehen mit der Person.

Auch gibt es den Schmerz über ›verlorene‹ Bereiche. Es ist eigentlich ein abstrakter Schmerz und dennoch hat er genauso viel Wert und Berechtigung und möchte auch in seiner ganzen Tiefe erkannt und angesehen werden. Es ist zum Beispiel der Schmerz darüber, dass der Vater einen nie zum Altar führen wird. Oder dass man sein Kind nie erwachsen sehen wird, dass man nie Großeltern sein wird oder dass man nie wieder gemeinsame Feiertage feiern wird. Es ist wichtig, diesen Schmerz zu sehen.

Mache dir bewusst, welchen Schmerz über verlorene Bereiche du hast. Weine und trauere um die dir versagten Möglichkeiten.

Die Trauer und der Schmerz sind sehr vielschichtig und bei jedem Menschen völlig verschieden, weil jede Lebensgeschichte so anders ist. Manche Menschen vermissen mehr den gemeinsamen Alltag, andere eher das, was man nicht mehr gemeinsam verwirklich kann.

Aber genau in dieser Vielschichtigkeit liegt auch der Wert. Deine Trauer kann dir ganz viele Informationen geben darüber, wer du wirklich bist, was deine Werte sind und was dir wirklich wichtig ist.

Auch wichtig ist der Schmerz der Wut, der ausgedrückt werden will. Wut wird leider oft unterdrückt, dabei ist sie im Trauerprozess äußerst wichtig. Es ist völlig normal, wütend zu sein, dass der Verstorbene einen alleine lässt, dass er ›einfach abhaut‹, oft ohne Abschied nehmen zu können. Es ist normal, wütend zu sein, dass man nun so viele Dinge, die man noch gemeinsam erleben wollte, alleine machen muss oder nie wieder tun wird. Und es ist auch normal, wütend zu sein, dass man weiterleben soll, obwohl der Verstorbene schon zurück in die geistige Welt durfte. Auch diese Art der Wut ist in Ordnung.

Ein anderer Teil der Trauer heißt ›Leere‹. Diese Phase kann sehr unangenehm sein, da sie so wenig greifbar ist. Häufig folgt sie der Phase des Schmerzes oder kommt auch immer mal wieder nach einiger Zeit, wenn man das Gefühl hatte, besser mit dem Verlust umgehen zu können.

Die Phase schleicht sich langsam an. Es ist das Gefühl der Leere und Sinnlosigkeit. Man hat das Gefühl, dass es nie wieder so werden wird, wie es einmal war, dass alles sinnlos ist. Man will morgens nicht einmal mehr aufstehen, am liebsten nur schlafen, keine sozialen Kontakte mehr pflegen. Man fühlt sich gelähmt und hat zumeist überall im Körper Schmerzen. Diese Phase kann, wenn man nicht aktiv etwas daran ändert, sehr lange anhalten und in eine tiefe Depression übergehen.

Die einzige Lösung in dieser Zeit heißt Annahme. Wenn du wirklich annehmen kannst, dass du dich gerade so fühlst, dass gerade nichts klappt, dann verlieren die Gefühle schon einmal ihren Schrecken. Denn diese Phase hat auch ihren Wert, der im

Rückzug und in der Neuordnung liegt. Dein Körper und deine Seele brauchen ›eine Pause vom Leben‹. Wenn du versuchst, alles einigermaßen zu regeln, dich ein paar Tage krankschreiben zu lassen, jemanden für die Kinderbetreuung zu organisieren oder wegzufahren, und dir diese Phase erlaubst (und auch immer wieder mal erlaubst), wirst du merken und erkennen, was deine Seele dir damit sagen will, in welchen Bereichen du zu hart zu dir selbst bist oder welche Bereiche der Trauer gerade gesehen werden wollen. Denn Trauer hat ihre eigene Zeit und ihren eigenen Rhythmus.

In dieser Phase kann es dir auch helfen, wenn du dir ein weißes Blatt Papier nimmst und zu schreiben beginnst – 10 Minuten lang ohne Unterbrechung. Selbst wenn du die ganze Zeit über nur schreibst »mir geht es schlecht«, ist das völlig in Ordnung, denn du gibst seiner Seele unbewusst den Impuls: »Ich gehe weiter.«

Ebenso verhält es sich mit Spazierengehen. Auch wenn dir nicht danach zumute ist und du dich am liebsten nur verkriechen würdest, hilft in dieser Phase langsames Laufen. Auf diese Weise gibst du dir den Impuls, dass du nicht stehenbleibst. Das Schlimmste an dieser Phase ist nämlich das Gefühl, kalt zu sein, nichts mehr zu fühlen, stillzustehen. Es geht demnach nicht darum, dass du aktiv etwas von außen verändern sollst, sondern darum, deiner Seele von Zeit zu Zeit kleine Impulse zu senden und zu signalisieren: »Diese Auszeit, die du gerade brauchst, ist schon okay, aber ich bleibe nicht stehen, ich glaube daran, dass es besser werden wird.«

Zudem ist es hilfreich, um Unterstützung aus der geistigen Welt zu bitten. Je nachdem, womit du dich am stärksten verbunden fühlst, kannst du die Engel, die geistige Welt allgemein, eine göttliche oder Naturenergie oder was sonst am besten für dich passt, bitten, dir Kraft und Zuversicht zu schicken.

Der Link zu dieser Welt

Ich: Papa, ich kann nicht mehr. Es tut so weh.

Papa: Bitte gib nicht auf. Ich brauche dich.

Ich: Für was brauchst du mich denn? Du hast doch nun alles. Du hast deinen Frieden. Bei dir ist doch alles toll.

Papa: Du bist mein Halt, mein Link zu eurer Welt. Du bist die Einzige, die meine Worte wirklich versteht. Und du weißt, wie wichtig es mir immer war, richtig verstanden zu werden! Mein Charakter ist immer noch derselbe. Ich brauche dich, damit ich verstanden werde.

Ich habe zwar andere Aufgaben, das stimmt. Ich helfe jungen, aufstrebenden Männern in der Finanzbranche, den richtigen Weg zu finden. Das ist gut. Aber sie hören mich meist nicht und ich arbeite nur im Hintergrund. Mit dir gemeinsam kann ich noch anders in dieser Welt präsent sein und unsere Kommunikation wird noch viel besser. Wir können gemeinsam Großes bewirken.

Ich: Ich will aber nicht. Ich will, dass du so, wie du früher warst, als mein Papa, zu mir zurückkommst. Ich kann das so nicht annehmen. Ich freue mich zwar für dich, aber ich leide so sehr unter den Erinnerungen.

Papa: Ich bin immer dein Papa, der dich begleitet und beschützt. Das werde ich immer sein und du wirst auch immer mein kleines Mädchen sein. Ich bin an deiner Seite. Nimm dir die Zeit, die du brauchst, um die Vergangenheit loszulassen. Ich weiß genau, wie schwer das ist. Ich habe zwei Jahre in der Krankheit zum Loslassen gebraucht. So lange wirst du mehr oder weniger auch benötigen.

Am Tag darauf

Ich: Ich konnte dich gestern ganz nah spüren und ich habe das Gefühl, unsere Grenzen verschwimmen. Es gibt kein Du auf der einen und kein Ich auf der anderen Seite.

Papa: Du hast es erfasst. Genauso ist es. Es gibt KEINE Trennung zwischen den Welten und somit gibt es auch keine Trennung zwischen uns.

Ich: Warum ging es mir dann so schlecht?

Papa: Du musstest zurücksehen und nochmals den Schmerz des Verlustes so hart spüren, um die Vergangenheit gehen lassen zu können. Du kannst nicht gleichzeitig an der Vergangenheit hängen und trotzdem hier und jetzt mit mir zusammen sein. Dieser Rückblick und der damit einhergehende Schmerz waren wichtig, damit du mich nun so klar spüren kannst.

Ich: Aber diese ganzen Zweifel und Depressionen, die nichts mit dir zu tun haben? Warum die?

Papa: Du musstest völlig aufgeben und dein Ego loslassen. Dein Handeln ist oft bestimmt von deinem Kopf und deinem Leistungswillen. Du stehst dir damit selbst im Weg. Es tat mir leid, dich so leiden zu sehen. Aber ich wusste die ganze Zeit, dass es nötig ist, damit du dich damit auseinandersetzt und loslassen kannst.

Ich: Und nun? Ich habe losgelassen, weil ich einfach nicht mehr kann. Ich verstehe immer noch nicht ganz, wie es weitergeht.

Papa: Du hast gestern geweint, geflucht, deine Ansprüche an dich selbst aufgegeben und dein Leben der geistigen Welt überlassen. Du hast deinen Kontrollzwang aufgegeben. Das ist der Weg. Lass deinen Körper ein Stück zurück. Überlasse die Führung der geistigen Welt, damit du geleitet wirst.

Du bist ein Mensch, der zwischen den Welten lebt, und wenn du versuchst, nur in einer Welt zu leben, kannst du nicht glücklich werden. Du wirst nie ein ruhiges Leben in dieser Welt führen. Begreife das!

Wenn du dich mit dem Göttlichen und mit mir verbindest und das Göttliche und mich als einen Teil in dir realisierst, wirst du fühlen, was du tun musst, um glücklich zu sein. Du wirst nicht mal denken müssen, sondern die Informationen werden unweigerlich sofort da sein, noch bevor du die Frage gestellt hast. Das Einzige, das du tun musst, ist, diesen Zustand nicht mehr zu verlassen.

Der Trick: nicht kämpfen

Nicht zu kämpfen heißt für mich, mich hinzugeben – diesem Moment, den Gefühlen, die gerade da sind. Es heißt, anzunehmen, was da ist, ohne es direkt wieder zu bewerten.

Wie unglaublich schwer das ist. Wir bewerten alles, was wir tun, was andere tun, was wir sehen, was wir hören – in jeder Sekunde unseres Alltages. Und ich will behaupten, dass 90 % unserer Bewertungen nicht positiv gefärbt sind. Wir kritisieren andere und uns selbst.

Wenn uns bewusst wird, dass wir so handeln, ist der erste Schritt getan. Wenn wir uns beobachten können, eine Distanz zu unseren eigenen Bewertungen aufbauen können, ist der zweite Schritt getan. Der dritte Schritt ist es dann zu wählen, was wir fühlen wollen.

Ich kämpfe nicht mehr, ich hadere nicht mehr und das Meer der Möglichkeiten offenbart sich mir. Ich erhebe mich von meinem begrenzten Blickwinkel, schwebe an die Decke, darüber hinaus, über dieses Haus hinweg, diesen Ort, dieses Land. Ich verlasse meinen begrenzten Körper, der immer so wehtut, und verbinde mich mit etwas Größerem. Nicht bewertend größer, weil ich so klein bin, sondern so groß, wie ich in Wirklichkeit bin, so groß wie das Universum, das keine Begrenzungen kennt, keine Normen, kein Ende und keinen Anfang. Ich werde zu dem Kreis, in dem wir uns immerwährend bewegen, ohne Anfang, ohne Ende. Wir haben alle denselben Mittelpunkt und treffen uns alle wieder. Der Nebel verschwindet und ich erkenne dich – in mir und um mich herum.

Sterbeprozess

Ich: Erzähl mir bitte von deinem Tod. Wie war das Sterben für dich?

Papa: Ich habe das Sterben nicht als Sterben realisiert. In meiner Krankheit gab es ein paar wenige Momente, in denen ich Angst hatte zu sterben, und zwar meistens, wenn ich alleine war, früh morgens. Dann habe ich darüber nachgedacht, wie es wohl sein wird, gehen zu müssen. Ich habe mein Leben immer selbst bestimmt, war nie von jemandem abhängig und habe immer alles kontrollieren können. Der Tod war das Einzige, das mir Angst machte, da ich ihn nicht kontrollieren konnte. Und ich war lange Zeit nicht bereit zu gehen.

Ich: Hast du deshalb mit uns kaum übers Sterben reden können?

Papa: Ja genau. Wenn ich hätte zugeben müssen, dass ich sterbe, hätte ich zugeben müssen, schwach zu sein. Das konnte ich nicht. Ich war immer der, auf den man sich verlassen konnte, der alles hinkriegt, der für alles zuständig ist. Ich konnte doch nicht einfach gehen.

Ich: Ja, das verstehe ich. Wie war es in den letzten Tagen?

Papa: Ich spürte, dass mein Körper keine Kraft mehr hat. Ich erkannte mich selbst im Spiegel kaum noch wieder. Es war ein ständiger Wechsel von »Ich kann eigentlich nicht mehr und der Kampf ist mir zu anstrengend« und »Nein, ich gebe nicht auf, ich will mich nicht damit abfinden«. Das hat mich sehr zerrissen und unglücklich gemacht. Mein Körper musste erst völlig kollabieren, bis ich loslassen konnte. Die letzten Stunden war ich durch die Medikamente ruhiggestellt und war mit einem Bein schon auf der anderen Seite. Da erst wurde es leichter für mich. Ich spürte, dass ich nicht allein war, die Schmerzen ließen nach und ich merkte, dass ich so viel mehr bin als dieser Körper, der nicht mehr so wollte wie ich.

Ich: Hattest du da noch Angst?

Papa: Nein, ich habe mich beschützt und geliebt gefühlt. Auch wenn ich noch nicht völlig verstand, was los war, konnte ich loslassen, mich hilflos fühlen, und wurde aufgefangen.

Ich: Von wem?

Papa: Von beiden Seiten: Ich spürte euch alle, das erste Mal seit Langem pur, also nur eure reine Liebe und Unterstützung, ohne den Streit und die Anstrengungen, die vorher zwischen uns gestanden hatten. Ihr konntet selbst auch die Ruhe spüren. Und ich bekam da schon ›Heilung‹ von der anderen Seite. Die Omas (meine Mutter und Schwiegermutter) waren da, lachten mit mir und ließen alte, schöne Erinnerungen in mir wach werden. Gegenwart und Vergangenheit verschwammen. Und der letzte Schritt, das weißt du ja, war nur noch ein Schritt zur Seite.

Ich: Wie hast du dich nach dem Sterben in der geistigen Welt zurechtgefunden?

Papa: Es war alles klar. Ich brauchte mich nicht zurechtfinden. Es war ein Erinnern kein Entdecken. Ich war schon einmal hier. Außerdem gibt es viele Seelen, die mich unterstützten. Ich war nicht allein.

Ich: Wen hast du in der geistigen Welt getroffen?

Papa: Ich traf als Erstes auf meine Eltern und deine andere Oma, die ich sehr mochte, wie du weißt. Es war toll, sie wiederzusehen, und wir haben viel Spaß hier. Ich konnte alte Verletzungen mit meinen Eltern heilen und habe endlich meinen vermissten Bruder getroffen, den ich nie kennenlernen konnte. Ich traf viele Freunde von früher, die vor mir gestorben waren. Ich traf auch Freunde von dir und verstehe nun viel besser, warum du sie mochtest und was sie für dich bedeutet haben.

Aber ich weiß, worauf du hinauswillst. Ja, ich kann hier jeden treffen, den ich möchte. Und ja, es ist eine große Party hier. Wie du selbst geschrieben hast, gibt es in der Energiewelt keine Ebenen und keine Grenzen. Also sind alle Seelen am selben Ort. Aber es gibt eben auch keine Körper mehr, kein besser oder schlechter, kein talentierter oder weniger talentiert. Somit gibt es auch keine berühmten und nicht berühmten Seelen. Diese Kategorien existieren nicht mehr. Und doch ist es faszinierend für mich, so viele unterschiedliche, bunte Seelen kennenzulernen. Ich möchte keine Namen nennen, aber du weißt, wie sehr mich manche Musiker faszinierten. Sie hier zu erleben, ist wunderbar. Das, was wir durch ihre Musik zu deren Lebzeiten spüren konnten, ist nicht ver-loren. Es schwingt auch hier weiter. Ihre Seelen sind auch hier noch Musik.

Materielle Dinge vor und nach dem Tod

Es ist gut, mit Sterbenden über materielle und testamentarische Belange und Dinge wie Beerdigung und Grab zu sprechen. Auch von den späteren Hinterbliebenen wird es als eine Erleichterung erlebt. Leider kommen jedoch viele Trauernde erst über mich in den Kontakt zu ihren Verstorbenen und erfahren erst im Nachhinein, ob die Verstorbenen mit dem, was nach ihrem Tod geschehen ist, einverstanden sind. Vonseiten der Verstorbenen sind viele Dinge nicht mehr wichtig. Meist ist ihnen egal, was mit ihrem Körper nach ihrem Tod geschieht.

Auch wissen sie, dass sie keine materiellen Dinge mehr benötigen. Sie hängen nach ihrem Tod weder an Haus und Auto noch an sonstigen persönlichen Gegenständen. Aber sie freuen sich dennoch, wenn in ihrem Namen etwas Gutes mit ihren Sachen getan wird oder wenn beispielsweise die Tochter den Schmuck ihrer Mutter voll Liebe verwahrt oder Schmuckstücke in ihrem Erinnern trägt. Sie spüren die Intention hinter der Handlung. Wenn Hinterbliebene zum Beispiel das Haus behalten, weil sie meinen, es tun zu müssen, wissen die Verstorbenen dies und zeigen mir im Jenseitskontakt, dass es eine Belastung für ihre Angehörigen ist und sie das Haus verkaufen sollen, selbst wenn es ihnen zu Lebzeiten sehr wichtig gewesen ist.

Genauso verhält es sich mit dem Grab. Wenn ein Mensch zu Lebzeiten sehr auf sein Äußeres und seine Wirkung auf Freunde und Nachbarn geachtet hat, ist es ihm von seinem Charakter her immer noch wichtig, dass nach seinem Tod sein Grab gepflegt aussieht. Aber der Verstorbene an sich ist nicht mit seinem Grab verbunden oder als Seele auf dem Friedhof. Sollte das Grab jedoch eine Belastung für die Angehörigen darstellen und ihnen unwichtig sein, so äußert der Verstorbene oftmals, dass seine Hinterbliebenen doch die Pflege abgeben oder sie anstelle vieler frischer Blumen einfach Bodendecker verwenden sollen, da es ordentlich aussieht, aber wenig Arbeit bedarf.

Der Charakter einer Person bleibt nach dem Tod zu großen Teilen in der geistigen Welt bestehen. Gemeint ist hier der Grundcharakter, es sind also die Eigenschaften, die die Person bei der Geburt mitgebracht hat. Ob jemand ruhig und zurückhaltend ist, abenteuerlustig und forsch, verspielt und begeisterungsfähig, mutig oder empathisch, ist schon von Geburt an festgelegt. Diese Grundeigenschaften verändern sich auch nach dem Tod nicht.

Muster, die sich im Laufe des Lebens ergeben haben und auf Erfahrungen und Verletzungen basieren, lösen sich hingegen nach dem Tod auf. So ist in der geistigen Welt keine Seele mehr eifersüchtig, neidisch, gehässig, böse oder egoistisch. Das sind Muster, die es nur in unserer dualen Welt gibt und die durch erlebte Enttäuschungen und Verletzungen entstanden sind.

Verstorbene haben Humor

Aus Sicht der geistigen Welt ist Sterben etwas Leichtes. Wir gehen zurück ›nach Hause‹, dorthin, wo wir herkamen. Wir treffen Bekannte und Verwandte wieder und wir haben fortan weder Körper noch Schmerzen.

Häufig haben Verstorbene auch ihren Humor wieder. Hierzu sind mir einige besondere Ereignisse und Sitzungen in Erinnerung geblieben:

Bei einem Jenseitskontakt zu einem verstorbenen Ehemann zeigte mir dieser, dass er kein Grab hat. Ich sagte seiner Frau, dass ich kein klassisches Grab sehe. Während ich das aussprach, amüsierte sich ihr Mann in der geistigen Welt darüber und ich spürte, wie ich immer wieder am liebsten laut losgelacht hätte.

Ich sagte zu seiner Witwe: »Ich möchte nicht unhöflich erscheinen, aber kannst du verstehen, dass dein Mann sich über seine Bestattungsmethode amüsiert und in der geistigen Welt jubelt?« Sie verstand, was ich meinte. Dann fragte ich den Mann, ob er mir die Bestattungsmethode etwas genauer zeigen könne. Ich sah verschiedene Gefäße und hatte das Gefühl, überall zu sein. Ich sah mehrere Orte und fühlte mich dabei sehr wohl.

Wieder fragte ich seine Witwe: »Verstehst du, dass ich das Gefühl habe, dass er an mehreren Orten beerdigt ist bzw. sich zu Hause fühlt und an verschiedenen Stellen ist?« Sie verstand auch das. Später in der Sitzung bedankte sich der Mann noch für die Schmuckketten, die zu seinem Andenken hergestellt worden seien. Und erst da begann ich zu verstehen, dass seine Asche aufgeteilt worden war. Jeder seiner Angehörigen hatte einen Teil seiner Asche bekommen. Einige trugen sie als Kette mit sich herum. Bei anderen stand er in einer kleinen Urne zu Hause. Auch wurde ein kleiner Teil seiner Asche der Asche seines geliebten Hundes zugefügt. So konnte er bei all seinen Liebsten gleichzeitig sein.

Seine Freude und sein ›Jubeln‹ über diese etwas verrückte Bestattungsmethode, die in Deutschland offiziell nicht gestattet ist, seine Angehörigen jedoch aus Liebe für ihn gewählt hatten, entsprach genau seiner Vorstellung und freute ihn sehr.

Bei einem anderen Jenseitskontakt zeigte mir ein Jugendlicher, dass seine Eltern feiern würden und er mitfeierte. Zuerst dachte ich, es handele sich dabei um eine alte Erinnerung von ihm. Allerdings zeigte er sich mir dabei als Seele und nicht als lebende Person und ich wusste daher, dass es eine Situation nach seinem Tod sein musste. Er zeigte mir einen Geburtstagskuchen mit Kerzen, all seine Freunde und eine große Gartenparty und er war völlig begeistert und bedankte sich mehrfach für das Fest.

Als ich diese Bilder der Mutter des Jungen erklärte, sagte sie mir, dass sie jedes Jahr zu seinem Geburtstag, und zwar auch nach seinem Tod, ein großes Fest im Garten mit allen Freunden veranstalten und dass viel gelacht, auch mal geweint und zusammen in seinem Namen gefeiert würde.

Die Liebe, die in diesen Bildern zu spüren war, hat mich tief beeindruckt. Man konnte den Jungen lachen hören – zu jenem Zeitpunkt selbst aus der geistigen Welt.

Mein Vater war ein leidenschaftlicher Motorradfahrer. Er liebte es, am Wochenende mit seiner Maschine rauszufahren und den Kopf freizubekommen. Für ihn war Motorradfahren wie Kurzurlaub. Ich genoss es zwar immer sehr, bei ihm mitzufahren, hatte aber nie das Geld und die Nerven, selbst einen Führerschein zu machen. Als er dann an Krebs erkrankte, fragte er mich, ob ich den Führerschein nicht doch machen würde, wenn er ihn mir schenkt, weil er sich so sehr wünschte, mit mir gemeinsam eine Motorradtour zu machen. Da ich tief in mir drin wusste, dass er die Krankheit nicht überleben würde, auch wenn die Ärzte uns viel Hoffnung machten, beschloss ich, meinen Motorradführerschein so schnell wie möglich zu machen.

Durch die Therapien war mein Vater schon sehr geschwächt, so schafften wir es insgesamt nur zweimal, nach der bestandenen Prüfung einen kleinen gemeinsamen Ausflug mit einem ausgeliehenen Motorrad zu machen. So sind die Erinnerungen an die Ausflüge umso kostbarer und ich bin sehr froh, dies verwirklicht zu haben.

Nach seinem Tod hatte ich keine Lust mehr zum Motorradfahren, zumal ich auch kein Motorrad besaß. In den folgenden Wochen machte sich mein Vater den Spaß, mir ständig Zeichen über Motorräder zu schicken. Wohin ich auch ging, ich sah Motorräder, hörte im Schlaf Motorengeräusche, sah Motorradwerbung. Ich wusste, er konnte sehr hartnäckig sein.

Als dann eine Bekannte auf mich zukam und mir sagte, dass sie sich den Unterhalt für ihr neues Motorrad, auf dem ich meine Fahrstunden absolviert hatte und das mir dadurch sehr vertraut war, nicht mehr leisten könne, und mich fragte, ob ich es ihr nicht abkaufen wolle, da hörte ich meinen Vater lachen. Diese Gelegenheit war von ihm arrangiert worden. Ich habe dann wirklich dieses Motorrad gekauft und seitdem beschützt er mich und meine Familie beim Motorradfahren.

Wie soll man mit
der Trauer umgehen?

Als es mir wieder schlecht ging, fragte ich meinen Geistführer Paul, was er mir zum Thema Trauer sagen könne.

Paul: Du möchtest gerne, dass ich etwas zum Thema Trauer bei euch sage. Es ist für mich gar nicht so einfach, euch etwas zu raten.

Schaut euch um. Wie ist es in naturnahen Völkern? Deren Handhabe ist etwas, das eurer Gesellschaft guttun würde. Der natürliche Umgang mit dem Tod ist euch völlig abhandengekommen. Bei euch herrschen Angst vor dem Tod, Verdrängung und Verleugnung und es wird erwartet, dass man schon wenige Monate nach einem Todesfall wieder funktioniert wie vorher. Doch so tickt die Seele nicht.

Seht euch die indigenen Völker an. Dort ist der Tod eine Übergangsphase, die in der Familie zelebriert wird. Der Tote wird gewaschen, gesalbt, und aufgebahrt. Es wird drei Tage Totenwache gehalten, Familie und Freunde kommen, verabschieden sich, trauern gemeinsam, essen zusammen und lassen die Familie nicht alleine. Nach der Beisetzung wird die Familie die ersten Wochen ganz selbstverständlich umsorgt, bekocht und geschont. Es gibt Rituale für den Verstorbenen und dessen Seele sowie Räucherungen für die Orte und die Familie. Es wird ganz schonend und langsam mit der eingetretenen Veränderung umgegangen. Mein Rat an euch lautet also: Befasst euch näher mit diesen Bräuchen.

Ich meine nicht damit, dass ihr es hier auch unbedingt so machen sollt. Es geht mir darum, dass ihr begreift, was ein ›angemessener‹ Umgang mit dem Tod ist und wie wichtig nach einem Todesfall ein liebevolles Miteinander sowie genügend Zeit und Raum für die Trauer sind. Denn leider fühlen sich bei euch sogar die Trauernden nach einer Weile schuldig, weil sie eben nicht wieder so schnell in den Alltag zurückfinden, weil sie vielleicht Monate oder Jahre nicht darüber hinwegkommen. Schon nach wenigen Wochen wird man nicht mehr auf den Verstorbenen angesprochen, das Thema wird gemieden. Das macht es für die Trauernden noch viel schwerer, da sie sich ausgegrenzt fühlen.

Ich: Danke Paul, das verstehe ich.

Paul: Die Kernbotschaft des Gesagten lautet: Es ist normal und wichtig zu trauern. Und es ist auch vollkommen normal, dass in dieser Trauerphase, wie lange sie auch dauern mag, nichts funktioniert wie zuvor.

Ich: Aber Paul, es gibt doch auch Menschen, die sich wirklich jahrelang hinter ihrer Trauer verstecken, nie wieder ins Leben zurückfinden und nur leiden. Haben die den Schmerz angenommen?

Paul: Nein, angenommen haben sie gar nichts, sonst würden sie nicht leiden. Es kann kein Leiden geben, sobald man den Schmerz angenommen hat. Es tut zwar noch immer höllisch weh, aber das Leiden verschwindet augenblicklich, sobald man die Situation annimmt. Leiden gibt es nur, wenn man hadert, wenn man es anders haben will, wenn man es nicht akzeptiert.

Die Menschen, die auch nach Jahren noch leiden, kennen nichts anderes. Das ist hart, aber es ist wirklich so. Sie haben auch vor dem Sterbefall schon gelitten. Es ist ein Denkmuster, das nicht erst durch den Verlust entsteht.

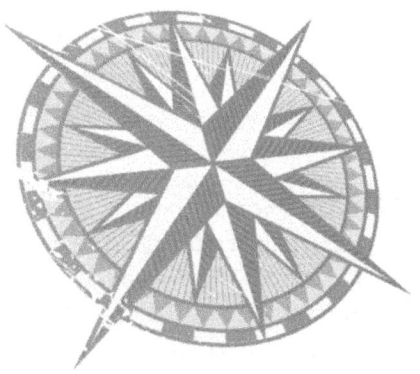

Tipps
zur Trauerverarbeitung

»ich bin noch da
ich bin nur im Raum nebenan
ich kann euch sehen, ich kann euch hören
wie durch einen Schleier hindurch
unsere Seelen sind verbunden
schon immer und auf ewig«

Die folgenden Übungen und Denkweisen können dir helfen, deine Trauer aus einem anderen Blickwinkel zu betrachten oder kreativ damit umzugehen. Probiere sie aus und höre auf dein Gefühl, was dir gut tun könnte.

SEELENZEIT

Such dir einen Ort, an dem du einfach du selbst sein kannst, wo nichts anderes zählt als der Moment und du selbst. Es kann ein Stuhl sein am Fenster, eine Yogamatte im Schlafzimmer oder ein Raum für dich. Richte es dir dort so ein, wie du dich wohlfühlst.

Ich habe mir in meinem Schlafzimmer einen Meditationsort eingerichtet mit einem Meditationskissen, einer großen Kerze auf dem Boden, ein paar Pflanzen, viel Licht und im Regal neben mir ganz viele Fotos von Menschen, die mich in dieser und in der geistigen Welt begleiten.

Nimm dir jeden Tag Zeit als ›Seelenzeit‹, nur für dich, und frage dich in dieser Zeit, was deine Seele heute braucht. Vielleicht möchtest du einfach nur zum Fenster hinaussehen und nichts tun, vielleicht weinen oder meditieren, vielleicht schreiben oder malen, vielleicht dich hinlegen und ausruhen. Alles ist erlaubt an diesem Ort.

KRAFT-KISTE

In diese Kiste kommt alles, was dir seit dem Verlust Kraft gibt: Schreibe dir ein gutes Gespräch mit einer Freundin auf oder auch Erlebnisse, bei denen du Zeichen aus der geistigen Welt bekommen hast, notiere dir die Nummer einer Trauergruppe, packe einen Stein hinein, der dir guttut. Du kannst auch Träume oder Wünsche aufschreiben oder Ziele formulieren und diese gern auch bildlich festhalten, damit du wieder Kraft und Mut findest, um weiterzumachen.

Es gibt immer wieder gute Phasen, in denen du spürst, dass dein geliebter Verstorbener noch bei dir ist, oder in denen du mit deiner Trauer umgehen kannst. Und dann kommen wiederum Phasen, in denen nichts mehr geht und du keinerlei Licht am Horizont siehst. Das sind die Zeiten, in denen du dir die ›Kraft-Kiste‹ hervorholen kannst. Du kannst durchlesen, was dir beim letzten Mal geholfen hat, wieder aus dem Loch herauszukommen, oder was du seit dem Verlust schon Schönes gemacht oder erlebt hast.

WER BIN ICH OHNE DICH?

Frag dich: Wer bist du ohne die geliebte Person? Fühle, was der jeweils passende Satz in dir auslöst, oder ergänze das für dich passende Wort:

- »Ich bin noch immer Mutter/Vater.«
- »Ich bin immer noch Tochter/Sohn.«
- »Ich bin noch immer Schwester/Bruder.«

Denn der Umstand, dass eine Person die Seiten gewechselt hat (von dieser Welt in die geistige), bedeutet nicht, dass sich eure Verbindung und eure Beziehung gelöst hat. Du wirst immer Mutter/Vater/Tochter/Sohn o. Ä. bleiben und diese Rolle in dir möchte auch gelebt werden. Frage dich, inwieweit du diese Rolle heute leben kannst.

Was kannst du (nur mal heute) tun, um diese Rolle zu erfüllen? Was würde die Person, die von dir gegangen ist, erfreuen? Wenn dein verstorbenes Kind zum Beispiel immer Nusseis mochte, kaufe dir heute eine Kugel Nusseis und iss sie zu Ehren deines Kindes. Oder wenn deine Mutter Tulpen liebte, kaufe dir heute einen Strauß davon. Oder tue etwas, was du früher für die Person immer getan hast, auch wenn es heute für dich keinen Sinn mehr ergibt. So gibst du aber dem Seelenanteil in dir, der die Rolle der Tochter, Mutter usw. übernommen hat, heute die Aufmerksamkeit zurück, welche er verloren hat. Du würdigst diese Rolle, die du noch immer hast und ewig haben wirst, auch wenn du sie nicht mehr erfüllen oder verkörpern musst und kannst.

Tue es spielerisch und liebevoll und wenn es dich traurig macht, ist das völlig normal. Habe keine Angst vor deiner Traurigkeit, sie möchte auch da sein dürfen. Genauso ist es, falls du merkst, dass du Erleichterung oder Wut über die Rolle verspürst, die du jahrelang eingenommen hast. Du darfst auch jedes andere Gefühl spüren und dir klarmachen, dass die Rolle dich auch belastet hat oder du manchmal in dieser Rolle nicht du selbst sein konntest. Auch das ist in Ordnung.

DAS LEBEN IST NICHT FAIR

Erwarte nicht, dass das Leben fair ist. Du kannst es nicht verstehen, du kannst zwar in dich hineinhören, meditieren, dich mit deinem Geistführer und Verstorbenen verbinden und einen Einblick davon bekommen, warum was wie geschieht, aber wahrhaft verstehen, warum manche Dinge einfach geschehen, können wir erst, wenn wir auch nach Hause in die geistige Welt zurückgekehrt sind.

Erlaube dir, wütend zu sein, hilflos, haltlos. Vielleicht versuchen Menschen in deinem Umfeld, dir Erklärungen zum Thema Tod zu geben oder vermeintlich Tröstliches zu sagen wie »Es war doch eine Erlösung« oder »Es war wenigstens ein schneller Tod«, »Er hat bestimmt nicht gelitten«, »Jetzt geht's ihm bestimmt gut« oder »Das war bestimmt karmisch«. Auch habe ich leider von Klienten schon Sätze gehört wie »Er ist jetzt glücklich, seine Ruhe zu haben« oder »Er ist traurig, wenn du trauerst« usw.

Akzeptiere, dass es keine Erklärung gibt. All das sind nur Erklärungsversuche, die letztlich die Hilflosigkeit deiner Mitmenschen widerspiegeln, weil sie etwas Unerklärliches plausibel machen wollen. Die Zeit der geliebten Person auf dieser Erde ist zu Ende, sie ist zurück in unsere geistige Heimat gegangen und es fühlt sich für die Hinterbliebenen oft nicht fair an.

ICH BIN NOCH HIER

Erlaube dir, eifersüchtig zu sein und auch von dieser Welt gehen zu wollen. Erlaube dir den Gedanken, dir zu wünschen, du seist tot. Er ist nach einem schweren Verlust häufig da. Ich habe immer wieder Klienten, bei denen mir der Verstorbene Tabletten oder Alkohol zeigt und mir davon erzählt, dass der Hinterbliebene Selbstmordgedanken hat, aber nicht darüber spricht. Die Gedanken sind also normal. Du sollst sie keinesfalls umsetzen, aber du darfst dir erlauben, sie zu denken. Schließlich verschwindet das Gefühl nicht, nur, weil du es nicht aussprichst. Im Gegenteil, es wird im Verborgenen immer stärker und kann schneller eine Kurzschlussreaktion auslösen. Wenn deine Familie davon nichts hören will, versuche, sie zu verstehen. Sie haben Angst, nun auch noch dich zu verlieren. Suche dir jemanden, mit dem du offen über deinen Wunsch zu sterben reden kannst, jemanden, der dich ernst nimmt. Am besten suchst du dir professionelle Hilfe. Das Angebot reicht von Trauergruppen über Trauerbegleitungen bis hin zu Therapeuten.

Versuche vor allem zu verstehen, dass du auf dieser Welt noch Aufgaben zu erledigen hast. Es gibt einen Grund, warum du hier bist. Versuche, für dich zu erspüren, welcher das ist. Höre dabei auf dein Gefühl. Frage dich, was dir Freude macht, was du in diese Welt bringen willst. Auch können dich dabei Seminare und/oder Bücher unterstützen.

BLICKWINKEL

Öffne dich dafür, deine Trauer und diese Welt aus einem anderen Blickwinkel zu sehen. Ich weiß, es ist viel verlangt und möglicherweise brauchst du noch etwas Zeit, um die Wahrheit und den

Sinn der folgenden Worte anzunehmen:

Wir sind alle reine Energie, nicht auflösbar, nicht zerstörbar, nur veränderbar. Unsere Seele hat lange vor unserem Körper existiert und existiert auch lange nach ihm. Unser Leben auf der Erde ist von der Ewigkeit aus betrachtet, die uns danach erwartet, nur ein kurzer Moment.

Auch die Verstorbenen sagen oft: Wir sind doch bald wieder zusammen. Für sie nimmt sich die Dauer, die wir noch hier auf der Erde verbringen, wie Sekunden für uns aus. Probiere doch immer mal wieder – und wenn es nur für ein paar Minuten ist –, dir die Welt vorzustellen, als würdest du sie vom Weltraum aus betrachten. Spüre dabei, wie schnell die Zeit verrinnt, und versuche dann, diese kurze Zeitspanne, die du für dich in einem Gefühl von Getrenntsein verbringst, gut und freudig zu verleben, sodass du später einmal voll guter Erfahrungen und voller Liebe von deinem geliebten Verstorbenen abgeholt werden kannst.

Die folgende Idee, die der Fernsehserie *Club der roten Bänder*[1] entstammt, hat mich sehr berührt und vielleicht kannst du dich mit diesem Gedanken anfreunden.

Wenn jemand stirbt, werden sein Leben und seine Träume unter den Hinterbliebenen aufgeteilt. Beispiel: In einer zuvor 5-köpfigen Familie geht jeweils ein Viertel des Lebens und der Träume des Verstorbenen auf die vier noch Lebenden über und

---

[1] https://www.vox.de/cms/club-der-roten-baender-die-freunde-teilen-alex-leben-unter-sich-auf-2573396.html

der Tote ist fortan Teil der übrigen Familienmitglieder. Alles, was diese ab jenem Zeitpunkt tun, tun sie somit auch für den Verstorbenen.

In der Serie erzählt Benito Leo, dass er abgesehen von seinem eigenen Leben zurzeit noch 3,2 weitere Leben lebe. Er tue ständig Dinge, von denen er wisse, dass sie die verstorbenen Freunde auch gern getan hätten. Dadurch lebe er viel intensiver.

WUNSCHLISTE

- Gibt es Wünsche, die dein Verstorbener noch hatte?
- Gibt es Orte, die er noch besuchen wollte?
- Gibt es Hobbys, die er liebte?

Mein Vater schenkte uns am letzten Weihnachten vor seinem Tod eine Liste mit 15 Punkten und schrieb dazu: »Danke, wenn ihr mir helft, die Erledigung der Liste noch möglichst weit zu ermöglichen und ganz, ganz viel Spaß gemeinsam zu erreichen. Bitte alles, was ich aufschreibe, auch ohne mich machen.«

Von den 15 Punkten konnten wir leider nur noch zwei umsetzen, bis er im Februar des darauffolgenden Jahres starb. Ich habe diese Liste noch und habe bis auf 4 Punkte alles nach seinem Tod für und mit ihm erlebt und nachgeholt.

Bei der Umsetzung jedes erlebten Punkts spürte ich seine Liebe und seine Freude. So habe ich ihn auch nach seinem Tod noch weiter kennenlernen können und konnte seine Leidenschaft für Kunst, Autos und Oldtimer sogar noch besser nachvollziehen als zu seinen Lebzeiten.

RÄUME DER TRAUER EINEN PLATZ EIN

Viele Menschen warten darauf, dass die Trauer nachlässt, dass es irgendwann nicht mehr wehtut oder sie gut damit leben können.

Nimm die Trauer als einen Teil deines neuen Lebens an. Meiner Erfahrung nach hört die Trauer nie auf. Und vielleicht ist es auch gar nicht der Sinn, ein schmerzfreies Leben zu führen. Vielleicht gehören Schmerz, Sehnsucht und Trauer zum Leben auf dieser Erde dazu. Versuche nicht, diese Gefühle nicht fühlen zu wollen oder zu unterdrücken. Denn dann werden sie immer mehr Raum in dir einnehmen und dich immer weiter nach unten ziehen. Akzeptiere, dass es wehtut und dass dies auch so sein darf, egal wie lange der Verlust zurückliegt.

Trauer kennt keine Zeit. Das heißt allerdings nicht, dass du nicht auch Freude und Leichtigkeit empfinden kannst und sogar sollst. Wenn du jedoch den Schmerz als Teil deines Lebens annimmst, kannst du neben dem Schmerz zur selben Zeit Dankbarkeit empfinden für die schönen Dinge in deinem Leben, kannst mit deinen Freunden oder Kindern lachen, kannst es dir gutgehen lassen. Es sind zwei Seiten derselben Medaille und beide Teil deines Lebens.

Ansätze, deiner Trauer Ausdruck zu verleihen

Ich bin künstlerisch äußerst unbegabt, aber ich habe es zu schätzen gelernt, über Bilder meine Gefühle, die ich nicht greifen konnte, zum Ausdruck zu bringen. Vielleicht magst du das auch einmal probieren.

Spüre, welches Thema gerade vorrangig ist, beispielsweise Schmerz, Wut oder Traurigkeit. Setze dich dann mit einem großen Blatt Papier und Bunt- oder Wachsmalstiften hin und male 10 Minuten ohne Pause zu diesem Thema. Dabei ist wichtig, dass du im Fluss bleibst. Wechsle immer nur kurz die Stifte und male einfach immer weiter, ohne nachzudenken. Du wirst sehen, das befreit. Das ist nur eine Möglichkeit. Du kannst auch, wenn du schon etwas Übung mit dem Erfühlen der geistigen Welt hast, Bilder zur geistigen Welt, deinem Geistführer oder der Energie deines Verstorbenen malen.

Ich habe meinem Vater während seiner Krankheit immer Aura-Bilder gemalt, um zu sehen, was Chemotherapie und Kortison mit der Aura anrichten. Als er dann nach Hause in die geistige Welt zurückgekehrt war, habe ich ein Bild von seiner Energie als Seele gemalt. Es war sehr schön für mich zu sehen, dass alle ›negativen‹ Energien, also alle Muster, Blockaden, Schmerzen etc., sich völlig aufgelöst hatten und er nur noch Lichtenergie war.

Das Wichtige ist: Geh spielerisch damit um. Es gibt kein *Richtig* und kein *Falsch* und auch keine absolute Wahrheit. Achte nur auf alles, was du fühlst, denn das ist für dich das Richtige.

Fühle, entscheide, revidiere selbst – und geh neue Wege. Und auch wenn es in manchen Momenten unmöglich klingt: Versuche, liebevoll mit deiner Trauer umzugehen. Hier liegt für dich eine große Wachstumschance. Fang an, deine Trauer zu lieben und sie nicht immer ganz so ernst zu nehmen. Denn schließlich sterben wir alle einmal. Was wir bis dahin aus dem Leben machen, liegt jedoch in unserer Hand.

Lass deine Schuldgefühle los

Schuldgefühle sind die stärkste Blockade der eigenen Energie und auch die größte Blockade in der Kommunikation mit der geistigen Welt. Und doch haben viele Hinterbliebene manchmal oder sogar ständig Schuldgefühle.

Wenn wir noch keinen schlimmen Verlust erlitten haben, können wir uns meist nicht ausmalen, wie es ist, wenn eine geliebte Person stirbt. Und wenn es dann geschieht, erleben wir es häufig als Schock.

Leider fangen manche Hinterbliebene nach einer Verlusterfahrung sich mitschuldig zu fühlen am Tod der geliebten Person und quälen sich mit Gedanken wie: Hätten sie die Person vielleicht eher zum Arzt bringen sollen oder noch Dinge klären können? Hätten sie mehr Zeit mit der Person verbringen sollen? Wären sie beim letzten Telefonat doch nicht so übellaunig gewesen. Wären sie doch öfter zu Besuch gekommen ...

Wenn uns bewusst wird, dass wir Gespräche, Berührungen, Aktivitäten nicht mehr wiederholen können, fangen wir an, uns Vorwürfe zu machen. Bei einem Suizid sind die Vorwürfe meist sehr stark und tiefgehend, aber auch bei allen anderen Todesursachen kämpfen die Hinterbliebenen oft Jahre oder Jahrzehnte nach dem Tod noch mit Schuldgefühlen.

Die Verstorbenen zeigen mir sehr häufig im Jenseitskontakt, dass sie sich wünschen, ihr Hinterbliebener möge seine Schuldgefühle loslassen. Zum einen steht er damit nämlich seiner Heilung im Weg und zum anderen gibt es aus dem Blickwinkel der Verstorbenen keine Schuld. Die Verstorbenen übernehmen immer die Verantwortung für ihr Handeln und geben nie anderen die Schuld. Sie sehen, warum etwas wie zustande kam und begreifen, wofür es gut war. Sie hadern nicht mehr mit der Vergangenheit. Sie entschuldigen sich zwar, wenn sie jemandem

Unrecht getan haben, aber sie verzeihen sich selbst in der geisti-gen Welt auch ihre Fehler. Genauso sollten wir das auch in unse-rer Welt machen.

Was kann dabei helfen:
Schreibe deine Schuldgedanken auf. Am besten ist es, wenn du einen Brief an deinen Verstorbenen verfasst und all deine Gedanken aufschreibst, dich entschuldigst und ihm die Sachen sagst, die er hören soll. Du kannst den Brief behalten, aufs Grab legen oder verbrennen. Achte nach dem Schreiben des Briefs auch verstärkt auf Zeichen im Außen (siehe Kapitel *Zeichen*), denn oft schicken die Verstorbenen verstärkt Zeichen, um uns zu zeigen, dass die Worte ankamen.

Auch kann ein Vergebungsritual helfen:
Setze dich bequem hin, zünde, wenn du magst, ein Räucherstäb-chen oder eine Kerze an, schließe deine Augen und entspanne dich. Spüre zuerst in deinen Körper, atme dann dreimal ein und aus und sprich folgende Sätze:

> *Ich bitte das Universum um Vergebung.*
> *Ich bitte die geistige Welt und all meine Liebsten um Vergebung.*
> *Ich bitte mich selbst um Vergebung.*

Mache drei volle Atemzüge und sprich diese drei Sätze:

Ich vergebe dem Universum.
Ich vergebe der geistigen Welt und all meinen Liebsten.
Ich vergebe mir selbst.

Schließe mit drei Atemzügen ab.

Wiederhole das Vergebungsritual 2 Wochen lang einmal täglich und versuche, beim Atmen ganz bewusst alle Schuldgefühle loszulassen.

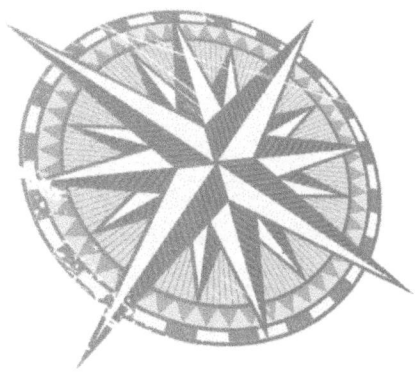

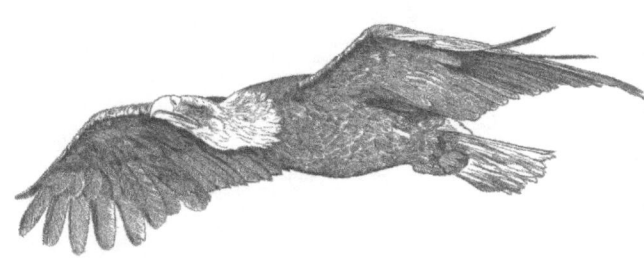

Heilung hat viele Gesichter

»Zu lange leben wir die Vorstellungen
der anderen, erfüllen ihre Erwartungen,
bis wir verkrüppelt sind.
Dabei ist unsere einzige Verantwortung,
selbst zu werden und zu erkennen,
wer wir sind.«

Unbekannt

Lebensfreude

Papa: Spürst du das leichte Kribbeln in der Magengrube? Es ist wie eine kleine, leichte Vorfreude oder ein Kribbeln, das du von früher kennst. Erinnerst du dich noch an deine Vorfreude vor Urlaubsreisen? Du konntest es auch spüren, wenn du tolle Musik gehört hast oder wenn du frisch verliebt warst. Fühlst du es jetzt?

Ich: Ja, ich kann es fühlen. Was ist das?

Papa: Das, meine Liebe, ist deine Lebensfreude.

Ich: Wow, das ist .... mir fehlen die Worte. Wo ist dieses Gefühl die letzten Jahre gewesen?

Papa: Gut vergraben.

Ich: Das befürchte ich auch.

Papa: Das ist es, was Menschen meinen, wenn sie sagen, wir sollten diese Welt wieder mit Kinderaugen sehen.

Ich: Ja, ich verstehe. Aber es hat nichts mit Sehen zu tun.

Papa: Hast du Angst zu leben? Hast du Angst, leicht und freudig zu sein?

Ich: Ja, ich denke manchmal schon. Es ist vertraut, dass alles so schwer ist. Ich kenne das seit vielen Jahren, sodass es seltsam wäre, es nicht zu spüren.

Papa: Das ist eines deiner größten Probleme. Du hast keine Vorstellung davon, wie es wäre, nicht zu leiden.

Ich: Ich vermisse dich so sehr.

Papa: Auch das ist ein Grund, der dich hindert zu heilen. Du bist so stur. Du bist nie zufrieden mit dem, was du bekommst. Wenn du spüren kannst, willst du sehen. Wenn du Träume bekommst, willst du die Stimme hören. Die Zeichen reichen nie.

Ich: Du hast recht.

Papa: Okay, nun genug davon. Spüre wieder dieses feine Kribbeln, die leisen Schmetterlinge im Bauch. Sieh das Bild vor deinem inneren Auge, wie du hoch oben in deinem Lieblingsbaum, in der Weide, auf unserer Terrasse saßt und alles überblicken konntest. Die Zeit blieb stehen. Spüre wieder diesen Frieden in dir. Du bist angekommen. Schon lange.

Inneres Kind

Ich: Danke Papa, für die Karte und für den Brief, den du mir einmal geschrieben hast und den ich gefunden habe.

Papa: Gerne. Auch wenn ich nicht immer das sagen konnte, was ich meinte. Ich wollte meine Sorge, nein, meine Fürsorge und Liebe für dich damit ausdrücken.

Ich: Das weiß ich. Auch wenn ich es früher manchmal nicht verstanden habe, so verstehe ich es heute.

Papa: Du schreibst mir aber aus einem anderen Grund oder?

Ich: Ja, ich muss mich zurzeit wieder sehr mit der Vergangenheit, der Jugend, auseinandersetzen. Die Schmerzen wollen mir etwas sagen und es zieht mich ganz heftig abwärts. Kannst du mir helfen?

Papa: Das mache ich. Ich kann dir zur Seite stehen und mir gemeinsam mit dir die Bilder ansehen.

            Es ist das Bild von dir vor dem Spiegel in deinem Zimmer, das Gefühl, dich selbst nicht mehr zu sehen und dich erst durch Selbstverletzung wieder spüren zu können. Es ist diese Irrealität in deinem Kopf, dieses Dunkle und Mörderische in deinem Herzen. Ich kenne das auch und bin immer davor geflüchtet. Auch Mama

kennt das und auch sie ist davor geflüchtet. Du hingegen konntest nicht fliehen, du hast es so extrem gefühlt,
weil es eine Kombination aus meinem Schmerz,
Mamas Geschichte und deiner Traumata war. Du hast
alles in dir aufgenommen, was an Schmerz da war,
konntest es nicht verdrängen und musstest ihm Ausdruck verleihen.

Ich: Es tut so dermaßen weh.

Papa: Es sind ›nur‹ noch die Zellerinnerungen. Du hast das
alles schon so oft überlebt. Es sind nur noch die Reste.
Das 15-jährige Mädchen in dir möchte auch gehört
werden. Es schreit so laut und keiner hat es gehört.

Ich: Wie kann ich der Heranwachsenden helfen?

Papa: Indem du sie hier einmal ganz bewusst zu Wort kommen lässt.

Ich: Okay, ich probiere es.
Meine Liebe, was ist los mit dir?

Ich (15): Ich kämpfe und kämpfe und kriege ständig nur auf die
Fresse. Ich hasse mich und ich hasse dieses verfickte
Leben.

Ich: Da ist wirklich viel Wut in dir. Auf wen bist du wütend?

Ich (15): Auf alles. Auf meine Eltern, die mich nie hören, auf die
Schule, auf meine sogenannten Freunde, die weg sind,

sobald es mir mal schlecht geht, auf meine nervende Schwester, auf mich selbst, dass ich nicht glücklich sein kann, so wie alle anderen ...

Ich: Aber bei so viel Wut und Stress könnte doch keiner glücklich sein, das ist ganz normal. Was würde dir jetzt helfen?

Ich (15): Mein Papa, der mich versteht und in den Arm nimmt und einfach für mich da ist.

Papa: Ich bin da. Auch wenn ich dich teilweise nicht ganz verstehe und oft mit irgendwelchen gut gemeinten Ratschlägen daherkomme. Ich bin für dich da und ich wünsche mir von ganzem Herzen, dass es dir gut geht. Du bist mein großer Schatz und ich liebe dich.

Ich (15): Warum hörst du meine Schreie nicht?

Papa: Ich habe sie nicht gehört, weil ich Angst hatte – Angst vor meiner eigenen Geschichte. Ich habe deine Verzweiflung gespürt und wollte sie weghaben, habe aber keine Lösung gefunden, keine Antwort, was ich hätte tun können. Ich habe versucht, mit dir zu reden.

Ich (15): Eigentlich sitzt der Schmerz ja auch noch tiefer und ich habe vergessen, dass es Gründe gibt, warum es mir so geht. Warum hast du mir nicht geholfen nach dem Missbrauch? Wie soll ich jemals mit der ganzen Geschichte umgehen? Ich fühle mich so hilflos.

Papa: Es tut mir so leid. Ich konnte es damals nicht sehen. Es waren so schreckliche Strukturen. Aber sieh mal, wie es uns alle verändert hat. Bei deiner Schwester wäre das alles so nicht mehr geschehen. Auch wenn wir es bei dir nicht sehen konnten, weil es letztlich unsere eigene Geschichte gespiegelt hat, haben wir alle dazugelernt. Du hast unsere Familie besser gemacht, indem du uns mit unseren Schatten konfrontiert hast.

Ich: Aber retten konnte ich dich dadurch trotzdem nicht. Deinen Tod konnte ich nicht verhindern.

Papa: Ich musste nicht gerettet werden. Ich habe meine Prozesse durchlebt. Und wer sagt denn, dass der Prozess des Sterbens nicht vielleicht auch zu meinem Lebensweg dazugehörte?

Ich: Ich habe immer das Gefühl, dass ich etwas hätte ändern müssen, weil ich in Bezug auf deine Muster und die emotionalen Strukturen deiner Krebserkrankung so intensiv gefühlt habe.

Papa: Das hast du probiert. Aber ich wollte das nicht. Du weißt doch, wie ich bin. Wenn ich etwas nicht will, kannst du dich auf den Kopf stellen ...

Ich: Ja, du bist so stur.

Papa: Ja, du aber auch.

Ich: Das habe ich wohl von dir.

Papa: Und das ist auch gut so.

Ich: Nina (15), wie geht es dir jetzt?

Ich (15): Besser. Ich bin gerade erschöpft, aber ich sehe wieder
          Licht. Ich danke euch sehr. Ihr habt den Druck von mir
          genommen.

Papa: Siehst du, es ist so einfach. Manchmal braucht es nur
          jemanden, der zuhört und dich ernst nimmt. Man muss
          Dinge nicht sofort ändern. Sie dürfen einfach einmal
          da sein, so unangenehm es sich auch gerade anfühlen
          mag. Merke es dir.

Ich: Warum ist es so anstrengend zurzeit?

Papa: Um so weit gehen zu können, wie du es dir nie hättest
          erträumen können.

Ich: Danke!

Papa: Du musst immer wieder alte Themen anschauen und
          loslassen. Loslassen kannst du aber erst, wenn du
          durchgegangen bist. Aber merkst du, es ist nicht mehr
          so schlimm wie damals. Ja, es sind Schmerzen, aber du
          kannst die Situation bewältigen. Du bist so stark und
          du lebst uns allen vor, wie Heilung geht.

Wenn man etwas Schlimmes erlebt hat, dann sitzen die Erinnerungen nicht nur in den Gefühlen, sondern auch in den Zellen

fest und erinnern uns durch Schmerzen, Symptome und Krankheiten daran, dass etwas noch nicht geheilt ist.

Es gibt immer wieder Phasen, in denen die Heilung der Zellen in den Vordergrund drängt, ob es uns gerade passt oder nicht. Manchmal sind Jahreszeiten, Feiertage, Situationen oder Menschen Auslöser, um uns zurück in eine andere Zeit zu katapultieren. Die Situation, in der es uns zu jenem früheren Zeitpunkt schlecht ging, drängt sich mit einer solchen Wucht in die Gegenwart vor, dass wir uns wie zweigeteilt fühlen. Doch genau in diesem Gefühl steckt die Chance zur Heilung.

Derjenige Anteil in uns, der noch keine Heilung gefunden hat, möchte uns genau darauf aufmerksam machen. Und wenn wir ehrlich zu uns selbst sind und wirklich hinhören, dann können wir fühlen, um welchen Anteil es sich dabei handelt und was er zu seiner Heilung braucht. Fühlt sich der betreffende Anteil in uns einsam oder zweifelt er an sich und dieser Welt oder hat er Angst und braucht Schutz? Welches Gefühl steckt wirklich dahinter?

Wenn wir beispielsweise spüren, dass es sich um Angst handelt, können wir den betreffenden Anteil in uns gedanklich in den Arm nehmen und uns auf diese Weise selbst den Halt und Schutz geben, den wir damals nicht bekommen haben. Wenn wir uns ernst nehmen und uns in Gedanken bestätigen, dass die Gefühle ihre Berechtigung haben und sich zeigen dürfen, verlieren diese sofort an Dramatik und Kraft. Gefühle sind nur so heftig und überwältigend, wenn sie jahrelang nicht sein durften und unterdrückt wurden. Sobald wir bereit sind, sie zu sehen und zu würdigen, werden sie augenblicklich weniger schlimm.

Wenn meine Wunden meine Weisheit wären

»Trage deine Narben wie ein Ballkleid
und zeige allen,
wie wunderschön Stärke ist.«

Ich: Papa, stimmt es, dass Wunden immer ein Potenzial in sich tragen?

Papa: Ja, auf jeden Fall. Wir alle tragen den Schmerz der Welt in uns. Und nur durch den Schmerz erkennen wir die Liebe.

Ich: Meinst du, alles ist nur durch das Gegenteil erkennbar?

Papa: Ja, wie dunkel und hell, wie Tag und Nacht und noch mehr als das: Wir Menschen kommen alle mit Aufgaben auf diese Welt und diese Aufgaben entdecken wir oft nur durch unseren Schmerz. Deine Liebe zu Tieren, deine Empathie für schutzlose Wesen, deine Sprache mit der geistigen Welt – viele deiner Stärken sind durch deine Wunden entstanden.

Ich: Wenn meine Wunden meine Weisheit wären, was würden sie mir dann erzählen?

Papa: Wahrscheinlich eine Geschichte von Mut, von Stärke, von Halt und Durchblick, aber keine von dunklen Stunden und Lebensmüdigkeit.

Die Weisheit in meiner persönlichen Geschichte liegt mit Sicherheit in meinen Wunden. Ohne meine Wunden hätte ich nie den Himmel hier auf der Erde entdeckt.

Wenn ich jetzt zurückschaue auf all die traurigen und verzweifelten Momente in meinem Leben, möchte ich zwar auf keinen Fall nochmals dorthin zurück, aber inzwischen kann ich dabei lächeln, weil ich verstehe, wie verbunden ich auch in diesen Momenten mit der Schöpfung, dem Himmel, dem Seelenplan oder wie man es auch nennen mag gewesen bin.

Wenn wir als Menschen auf manche schrecklichen Dinge sehen, können wir oft nicht verstehen, wie ›ein Gott‹ oder ›eine Schöpfung‹ all das zulassen kann. Wir fragen uns, warum so viel Schreckliches in der Welt passieren muss, warum es Kindern, unschuldigen Menschen oder Tieren widerfährt. Zu gerne würden wir wissen, warum niemand das verhindert und was daran noch einen Sinn ergeben soll.

Ich als Mensch kann darauf keine Antworten finden. Ich als Medium weiß, dass es Sinn macht. Man muss es trennen. Auch aus Sicht der geistigen Welt sind Missbrauch, Mord, Gewalt, Krieg und Terror nicht in Ordnung. Auch die geistige Welt sagt, es dürfe niemandem so etwas angetan werden. Sie heißt das Ganze nicht gut. ABER: Wir Menschen haben den freien Willen, uns jeden Tag für das Gute oder das Schlechte in uns zu entscheiden. Wir alle tragen beide Seiten und Tausende Abstufungen in uns, und zwar jeder und immerzu.

Wir werden in diese Welt geboren mit einem Thema, einer Aufgabe oder einem Lernbereich. Diese Welt ist ein Experimentierfeld. Wir dürfen ausprobieren und uns kennenlernen bzw. uns selbst definieren durch das, was wir sagen, tun und sein wollen. Jeder von uns hat dieselben energetischen Möglichkeiten.

Wenn du dich in deinem Umfeld umschaust, wirst du immer Menschen begegnen, die unglaublich großzügig und liebevoll sind, obwohl sie in ihrer Kindheit derlei nicht erlebt haben. Ebenso wird es auch immer die Menschen geben, die ihre Kinder schlagen, weil sie selbst geschlagen wurden.

Jeder Mensch wird geprägt durch die Erfahrung, die er macht. Aber jeder hat die Wahl, das Erlebte zu wiederholen und weiterzugeben oder es zu reflektieren und zu ändern. Wir alle sind Opfer von Umständen und Erfahrungen, gleichzeitig aber sind wir auch ausnahmslos Schöpfer dessen, was wir daraus machen!

Vor Jahren hat mich die Gewalt, die ich erleben musste, hilflos und unendlich wütend gemacht. Wenn mich damals jemand angegriffen hat, habe ich mich zurückgezogen und geschützt, anstatt mich zu verteidigen. Mein inneres Kind schrie unvorstellbar laut: »Mach, dass es aufhört! Ich will nie wieder so leiden müssen.«

Erst als ich begriff, dass diese Menschen in Wirklichkeit nicht mich angreifen, sondern mir eine alte Angst spiegeln, nämlich die Angst, verletzt zu werden und wieder Opfer zu sein, konnte dieser Teil in mir heilen und ich habe eine Möglichkeit gewonnen, anders mit vermeintlichen Angriffen umzugehen. Ich habe meine Angst annehmen können, habe erkannt, dass mein inneres Kind mich jetzt nicht mehr schützen muss, und konnte dadurch wieder als Erwachsene handeln und klar meine Grenzen setzen.

Die geistige Welt ist weder gut noch schlecht. Wenn ich die Verstorbenen und Geistführer frage, wie sie unsere Welt empfinden, spüre ich Traurigkeit und Bestürzung darüber, wie viele Menschen sich täglich für das Schlechte in sich entscheiden und Leiden in diese Welt bringen. Aber die geistige Welt kann das nicht verhindern und bewertet es auch nicht. Alle, die Leid erleben, erhalten dadurch auch Chancen, ihre Lebensaufgaben zu erkennen.

Was wäre gewesen, wenn ich den Missbrauch und die Gewalt in meiner Kindheit nicht erlebt hätte? Wer wäre ich dann?

Ich bekam darauf nie eine Antwort. Ich habe das Gefühl, es hätte nicht anders sein können. Es kamen so viele Dinge zusammen, sodass ich dies erleben musste, gleichzeitig gab es zahlreiche Dinge, die es mir erlaubten, dieses Martyrium zu überleben. Ich möchte die Täter nicht entschuldigen, aber ich glaube nicht an Zufall.

Mich hat das zu dem Menschen gemacht, der ich bin: ein Mensch mit Ängsten und Zweifeln, mit Schmerzen und Melancholie, aber auch mit Mut und Mitgefühl Menschen und Tieren gegenüber.

Traurigkeit ist das Atemholen der Freude[1]

Diesen Spruch habe ich mal gelesen. Bedeutet das, dass ich nach einer Trauerphase viele Jahre viel Freude erleben werde? Gehört die Traurigkeit denn nicht auch zu unserem Erdenleben dazu? Viele Spruchweisheiten besagen, dass beide Seiten der Medaille

---

[1] »Traurigsein ist wohl etwas Nützliches. Es ist wohl ein Atemholen zur Freude, ein Vorbereiten der Seele dazu.« Paula Modersohn-Becker, deutsche Malerin (1876-1907), Briefe 31.01.1901

wichtig sind und dass man die Freude nur durch die Traurigkeit empfinden kann.

Wie aber ist das im Jenseits? Grundsätzlich spüre ich in der geistigen Welt Freude und Leichtigkeit.

Wenn die Verstorbenen verstehen, warum sie während ihres Erdendaseins bestimmte Verhaltensweisen an den Tag gelegt haben, welche sozialen, familiären oder persönlichen Zusammenhänge hinter ihrem Verhalten standen – sie haben z. B. zu viel gearbeitet und hatten nicht genug Zeit für ihre Familie –, wenn sie erkennen, welche Aspekte sie nicht leben konnten, macht sie das zunächst auch traurig. Allerdings verschwindet diese Traurigkeit bei ihnen unmittelbar, sobald sie diese Erkenntnisse in der geistigen Welt verarbeitet haben. Sie sind dann in Frieden mit ihren Themen. Ebenso verhält es sich, wenn die Verstorbenen sich in einem Jenseitskontakt bei ihren Hinterbliebenen entschuldigen konnten. Sie hadern nicht mit Dingen, die sie nicht mehr ändern können. Es gibt keinen Raum und keine Zeit mehr. Sie sind jetzt hell, klar, leicht – Licht, Liebe, Freude.

Dieser Zustand ist so überwältigend, dass die Vergangenheit nicht mehr wichtig ist. Es bleiben die schönen Erinnerungen und die Liebe.

Wie traumhaft wäre es, wenn wir diesen Zustand auch jetzt schon in unserer Welt leben könnten?! Schließlich unterscheiden sich unsere Welt und die geistige Welt nicht wesentlich. Wir können hier genauso Licht, Klarheit, Liebe und Leichtigkeit leben. Wichtig dabei ist unser Fokus. Was wollen wir wahrnehmen? Womit verbinden wir uns täglich? Welche Energie leben wir? Wie können wir das, was uns ausmacht, auch umsetzen?

Lösung zur Heilung des
inneren Kindes

Das ›innere Kind‹ ist ein Anteil in uns allen. Bei manchen Menschen ist das innere Kind im Alltag ruhig und kommt nur zum Vorschein, wenn es um Spaß und Lebensfreude geht. Das kennt man: Erwachsene Männer, die plötzlich wie kleine Kinder auf dem Boden sitzen und Carrerabahn spielen oder sich tierisch freuen, wenn der Fußballverein gewonnen hat oder erwachsene Frauen, die kreischen, wenn sie eine pinke Handtasche entdecken. Das sind die inneren Kinder, die aus ihnen sprechen.

Jeder Mensch hat aber auch ein trauriges oder ängstliches inneres Kind. Dieses ist genau in dem Alter, in dem man selbst als Kind ein ›Trauma‹ erlebt hat. Was für ein Kind ein traumatisches Erlebnis ist, empfindet die erwachsene Person nicht unbedingt als dermaßen schlimm, zum Beispiel eine Zurückweisung im Freundeskreis, die Trennung der Eltern, der Tod eines Haustieres. Aber auch ein wirkliches Trauma wie Gewalterfahrung oder Vernachlässigung muss für den Erwachsenen nicht als Trauma erfahren werden.

Erlebt ein Kind jedoch etwas, mit dem es nicht umzugehen weiß, bleibt ein Seelenanteil in diesem Alter stehen. Wenn eine Person zum Beispiel mit 4 Jahren Ohnmacht und Hilflosigkeit erlebt hat, bleibt einer ihrer inneren Anteile weiterhin 4 Jahre alt, selbst wenn sie inzwischen 40 Jahre alt ist. Und immer dann, wenn die erwachsene Person in eine Situation kommt, in der sie sich wieder ohnmächtig und hilflos fühlen würde, wird dieses 4-jährige Kind in ihr richtig laut. In diesem Fall stellt der Erwach-

77

sene fest, dass er nicht mehr klar denken und handeln kann, spürt erhöhten Stress im Körper und reagiert eventuell mit Fluchtgedanken oder Vermeidungsmechanismen. Mit Vermeidungsmechanismen meine ich, dass man Dinge, die Stress auslösen könnten, vermeidet; beispielsweise geht man nicht mehr zu Treffen mit vielen Menschen, lässt nachts das Licht an, geht nicht mehr alleine im Dunkeln nach draußen, nimmt lieber die Treppe anstatt den Aufzug – man vermeidet eben alles, was einen mit der Angst konfrontieren könnte, und schränkt sich so zunehmend selbst ein.

Auch mag es Mitmenschen vorkommen, als reagiere man als erwachsene Person in Situationen unangemessen. Insbesondere im Beruf oder im Autoverkehr kann man häufig beobachten, wie erwachsene Menschen sich wie kleine, hysterische Kindern verhalten, die herumschreien, als hätte man ihnen den Schnuller gestohlen. Nach Beendigung der Situation wissen einige nicht mehr, warum sie sich so sehr aufgeregt haben. Sie haben sich ungerecht behandelt gefühlt und ›mussten‹ so reagieren, obgleich sie als Erwachsene wissen, dass es zu nichts führt, wenn man ausrastet. In der betreffenden Situation jedoch hat das innere Kind die Kontrolle übernommen.

Ich möchte es noch mal an einem Beispiel verdeutlichen: Eine Klientin kam zu mir in die Praxis zum Aura Reading. Ich sah in ihrer Aura, dass sie immer wieder in Beziehungen große Probleme hatte, Nähe zuzulassen. Zudem hatte sie starke Verlustängste und schwankte dazwischen, die Menschen von sich fernzuhalten oder besitzen zu wollen. Sie war sehr verzweifelt, denn sie wünschte sich nichts mehr als eine gut gehende Partnerschaft und erfüllende Freundschaften, aber sie wurde oft von Freunden ausgenutzt und in der Partnerschaft geriet sie immer an ›den Falschen‹.

Ich spürte sehr schnell ihr inneres Kind im Alter von 8 Jahren und auch, dass es dieses Kind war, das sie beschützen wollte. Als ich mir ihre Kindheit und Familienstruktur ansah, nahm ich wahr, dass es im Alter von 8 Jahren eine Trennung der Eltern gegeben hatte und der Vater, zu dem sie ein sehr enges Verhältnis hatte, seine Tochter danach nicht mehr sehen durfte. Sie verlor vollständig den Kontakt zu ihm und der Seelenanteil der 8-Jährigen versuchte, sie auch im Erwachsenenalter vor einem erneuten Verlust zu schützen.

Jedes Mal, wenn sie als Erwachsene eine engere Bindung aufbauen wollte, merkte sie, wie sie nicht mehr handlungsfähig war. Entweder engte sie den Partner mit Eifersucht und Besitzansprüchen ein oder sie ließ ihn emotional erst gar nicht an sich heran.

Das hilft beim Thema inneres Kind:

SIEH GENAU HIN

- Was will das kleine Kind in mir sagen?

- Wie alt ist es?

- Was hätte es damals eigentlich gebraucht:
  Jemanden, der da ist?
  Jemanden, der es schützt?
  Jemanden, der Hilfe holt?
  Jemanden, der zur Polizei geht?
  Jemanden, der mit ihm spricht?
  Jemanden, der es in den Arm nimmt?

Achte darauf, welche Fragen bei dir Wut, Verzweiflung oder Traurigkeit auslösen. Diese haben etwas mit dir zu tun. Höre hin, nimm Kontakt zu deinem inneren Kind auf, schreibe vielleicht mit ihm und nehme diese Gefühle ernst.

HOLE DAS NACH, WAS DAS KIND IN DIR GEBRAUCHT HÄTTE

Ich habe damals Menschen in meinem Umfeld erzählt, was ich gebraucht hätte, habe einen Brief an die Täter geschrieben und bin all meine Gefühle losgeworden. Ich habe mich bei Opferinstitutionen nach rechtlichen Möglichkeiten erkundigt.

Ich habe für mich und mein inneres Kind die Welt wieder ein Stück gerade gerückt, indem ich gesagt habe: »Das hätte nicht passieren dürfen. Ich sorge jetzt gut für mich. Ich bin kein Opfer mehr, sondern sage laut meine Meinung.«

Du kannst es auch im Stillen tun. Schreibe einen Brief und verbrenne ihn anschließend. Führe ein für dich geeignetes Ritual durch. Oder kaufe vielleicht ein Kissen oder Kuscheltier für dein inneres Kind.

Es ist in jedem Fall wichtig, dass du dir Zeit und Raum nimmst, um hinzuhören. Ein Kind, das einen Schmerz in sich trägt, braucht das Gefühl, ernstgenommen und angehört zu werden. So musst du es auch mit deinem inneren Kind machen. Und zwar insbesondere, weil damals kein Platz dafür war oder niemand dich als Kind verstanden hat. Doch du kannst das jetzt als Erwachsener nachholen und den alten Schmerz heilen.

AFFIRMATIONEN DIE BEI DER HEILUNG HELFEN KÖNNEN

- Ich sorge nun gut für mich und für mein inneres Kind.
- Ich höre zu, was mein inneres Kind und meine Intuition mir sagen wollen.
- Ich bin beschützt.
- Ich bin stark und achte auf meine Grenzen.
- Ich bin es wert, dass es mir gut geht.
- Ich bin es wert, geliebt zu werden.

SETZE GRENZEN

Wenn du dir den alten Schmerz angesehen hast und deinem inneren Kind den Raum zur Trauer oder Wut gegeben hast, kommt der zweite Schritt. Es ist wichtig dem inneren Kind Grenzen zu setzen.

Stell dir dein inneres Kind wie ein echtes Kind (dein eigenes Kind oder deine kleine Schwester/Bruder) vor und rede mit ihm genauso.

Wenn es deinem Kind oder Geschwisterchen schlecht gehen würde, würdest du dir auch die Zeit nehmen und zuhören. Es ernst nehmen und vielleicht trösten. Und dann würdest du als Erwachsener aber auch schauen ob du einen Teil der Verantwortung übernehmen kannst. Auf das Beispiel der Frau bezogen: das innere Kind hatte recht und wollte nur etwas Gutes für sie. Dennoch hat ein 8-jähiges Kind nichts mit der Partnerschaftsauswahl zu tun.

Was die Klientin nun tat: sie schaute sich den Schmerz des inneren Kindes an, sie schrieb Briefe an ihr inneres Kind und auch an ihren Vater, sie ging sehr liebevoll mit dem Kind um, sie versprach ihm, es niemals im Stich zu lassen. Wenn aber das innere Kind in Situationen wieder laut wurde, in denen sie als Erwachsene handeln wollte zum Beispiel beim ersten Treffen mit einem potentiellen Partner, schickte sie in Gedanken, ihr inneres Kind zum Spielen. Das innere Kind braucht Grenzen wie jedes andere Kind auch.

ÜBERLEGE DIR ›NOTFALL-TOOLS‹

Wenn du mal wieder das Gefühl hast, der Druck wird zu groß oder es zieht dich alles nur runter, nutze Notfall-Tools. Mache dir eine Kiste oder ein Buch mit vielen Dingen, die dir helfen.

In meiner Notfallkiste befanden sich Zettel mit Notizen wie ›Motorrad fahren‹, ›eine Freundin anrufen‹, ›joggen gehen‹, ›ein Bad nehmen‹, ›weinen‹, ›tanzen‹, ›mit dem Hund spielen‹ und ich habe immer dann einen Zettel gezogen, wenn ich das Gefühl hatte, ich verfalle in alte Verhaltensweisen. Man kann in die Kiste auch Gegenstände hineinlegen, die mit schönen Erinnerungen verknüpft sind oder Erfolgserlebnissen, oder Fotos, Mutmacher usw.

Heilung mithilfe der
geistigen Welt

Für mich ist Heilung am besten mithilfe der geistigen Welt möglich, insbesondere mithilfe unseres Geistführers.

Warum? Weil die geistige Welt wie auch unser Geistführer zum einen eine andere Schwingung besitzt als wir und auch unsere Frequenz sich verändert und Blockaden gelöst werden können, sobald wir uns mit ihr bzw. ihm verbinden. Zum anderen hat unser Geistführer einen anderen Überblick über unsere Themen und kann, wenn wir ihn darum bitten, uns Tipps geben und uns helfen zu heilen.

Wenn ich von ›Heilung‹ oder ›heilen‹ spreche, meine ich damit Folgendes: Wir können eigene Themen ansehen und verarbeiten, Verletzungen loslassen, Muster und Blockaden lösen, körperliche Schmerzen heilen, erkennen, was uns schadet und was uns guttut, unsere Trauer heilen, zufrieden und glücklich leben.

Ich habe mich schon sehr früh mit dem Thema Selbstheilung auseinandersetzen müssen, da ich in meiner Jugend mit vielen psychosomatischen Beschwerden zu kämpfen hatte. Mein Körper rebellierte und zeigte mir durch Schmerzzustände, Essstörungen, Depressionen und Ängste, dass meine Seele litt.

Ich schrieb viel, malte, dichtete und probierte verschiedene Sportarten, Meditationen und Therapien aus, um Heilung zu finden. Diese Ansätze halfen mir alle mal mehr und mal weniger, um mich selbst besser verstehen und Teile in mir heilen zu können. Und doch gelang mir der wirkliche ›Durchbruch‹ bei meinen Heilungsthemen erst mit Beginn meiner sensitiv-medialen

Ausbildung: Ich lernte meinen Geistführer, den ich die Jahre zuvor meist ignoriert hatte, von Neuem kennen.

WAS IST EIN GEISTFÜHRER?

Ein Geistführer ist ein Wesen, ein Freund, der dich von deiner Geburt bis zu deinem Tod begleitet. Du hast vor dieser Inkarnation mit ihm besprochen, welche Stationen (Themen) du auf dieser Reise lernen darfst, und er weiß, warum es dir heute so geht, wie es dir geht. Er möchte immer das Beste für dich und versucht, dich auf deinem Lebensweg zu unterstützen.

Seine Erscheinungsform ist relativ. Den meisten Menschen zeigt er sich als Mann, Frau oder Kind, stets mit unterschiedlichem Aussehen, aus einer anderen Kultur, mit anderem Namen und anderer Herkunft. Manche Menschen nehmen ihn auch als Engelsgestalt oder als Tier wahr. Viele erhalten allerdings kein klares Bild des Äußeren, sondern spüren nur eine begleitende und beschützende Energie.

Das Aussehen, welches du gezeigt bekommst, ist nicht wirklich wichtig. Seelenwesen besitzen im Grunde keinen Körper und somit auch kein Aussehen mehr. Die Erscheinung kann einem Menschen lediglich helfen zu verstehen, für welche Aufgaben der Geistführer da ist und welche Energien er selbst am besten wahrnimmt.

Wenn der Mensch sehr gläubig ist, wird sich der Geistführer eher als Engel oder in Jesus-Gestalt zeigen. Bei einem schamanischen Menschen zeigt er sich vielleicht als Krafttier.

Mir hat sich mein Geistführer Paul immer als Fischer mit blonden Haaren, starken Schultern und im Holzfällerhemd gezeigt. Er wusste, wenn er sich in Engelsgestalt zeigen würde, könnte ich es nicht annehmen. Er musste sich mir als bodenständige Gestalt ohne religiösen oder kulturellen Hintergrund präsentieren, damit ich Botschaften annehmen konnte. Zudem hatte ich ihn als Kind auch schon als starken, beschützenden Mann wahrgenommen.

Geistführer zeigen sich uns immer so, wie wir bereit sind, es anzunehmen.

WIE KANNST DU DEINEN GEISTFÜHRER KENNENLERNEN?

Am besten ist es, du suchst dir ein ruhiges Plätzchen in deiner Wohnung und stellst alle Telefone ab. Lies dir die Meditation am Ende des Buches durch oder mache meine Meditation auf You-Tube ›Sitzen für die geistige Welt‹/›Sitting in the power‹.

Wenn du die Meditation zum ersten Mal durchführst, erwarte bitte nicht zu viel und setze dich selbst nicht unter Druck.

Jeder Geistführer (und auch jeder Verstorbene) gibt ein Erkennungszeichen. Das Erkennungszeichen ist das erste Gefühl oder Bild, das du bekommst, wenn du deinen Geistführer näher bittest. Ein Gefühl als Erkennungszeichen kann zum Beispiel eine Berührung an einer Stelle deines Körpers sein, eine Gänsehaut, Kribbeln, ein leichter Windhauch, ein Wärme- oder Kältegefühl. Ein Bild kann ein reales Bild sein, aber auch eine Farbe vor deinem inneren Auge. Es gibt auch Erkennungszeichen wie Gerüche oder Geräusche. Dies ist aber seltener.

Meist ist das Erkennungszeichen deines Geistführers am Anfang zart. Wenn du diese Übung regelmäßig machst, wirst du es bald stärker wahrnehmen können und auch im Alltag deine von seiner Energie unterscheiden können. Es braucht ein wenig Übung.

WAS HAT DEIN GEISTFÜHRER MIT HEILUNG ZU TUN?

Dein Geistführer weiß, warum es dir gerade so geht. Er kennt deine Aufgaben auf dieser Welt und weiß, an welchem Punkt du stehst oder welche Blockaden du hast. Allerdings hat er selbst eine andere Energieschwingung. Er hat seine irdischen Themen hinter sich gelassen und verfügt aufgrund dessen über eine heilende Frequenz und eine andere Energieschwingung.

Wenn du dich also in der Meditation mit deinem Geistführer verbindest und ihn um Heilung für dich (oder auch für andere Menschen) bittest, verbinden sich eure Frequenzen miteinander.

Physikalisch betrachtet wissen wir, dass es zu einem Ausgleich zwischen Frequenzen kommt, wenn zwei unterschiedliche Schwingungen miteinander verbunden werden. Das heißt, deine Frequenz wird angehoben und dort, wo Blockaden sind, kann Heilung geschehen. Und das geschieht auf allen Ebenen. Also führt es mental, emotional und auch körperlich zu einer Verbesserung deiner Lebensqualität.

Dein Geistführer respektiert deinen freien Willen und daher solltest du ihn um Unterstützung und Heilung bitten, da er nur selten von sich aus in deinen Lebensverlauf eingreift.

Paul sagt dazu Folgendes:

> Grundsätzlich hast du recht mit deiner Erklärung. Nur ist es noch so viel mehr als das.

> Weißt du, unsere Verbindung besteht schon über so viele Inkarnationen. Wir sind über die Liebe, über den Seelenplan und auch über Schmerzen, Leiden und Freude ver-

bunden. Und ich bin sowieso immer bei dir. Dennoch macht es auch für mich einen Unterschied, wenn du mich dazu bittest und mich aktiv um Rat und Heilung fragst, da ich dir ganz andere Tipps, ganz an-dere Energie senden kann, als wenn du es nicht mitbekommst.

Vielleicht kann man zum Vergleich eine Wasserleitung hinzuziehen. Du bist die Wasserleitung und ich bin das Wasser. Das Wasser fließt jeden Tag und immer. Aber je mehr Dreck du in dir trägst, je mehr du die Leitung ver-stopfst mit Müll und Dingen von anderen Menschen, umso schlechter kann das Wasser fließen. Der Dreck sind deine Sorgen, Stress und Gedanken. Je klarer du damit bist, je mehr du den Kanal für die Energie reinigst, umso besser kann ich die Lebensenergie in dir fließen lassen.

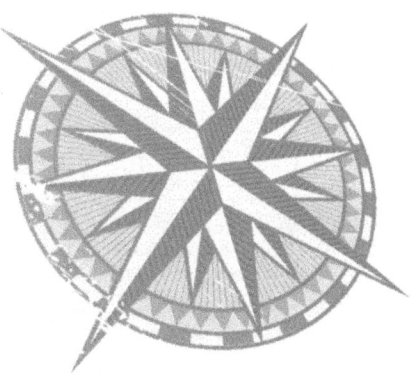

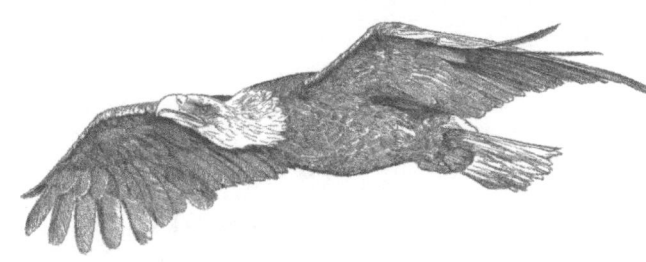

Die Liebe stirbt nie

»Die Summe unseres Lebens
sind die Stunden,
in denen wir liebten!«

Wilhelm Busch

Ich lass' für dich
das Licht an ...

»... du bist mein Licht in dunklen Stunden,
du bist mein Leuchtturm und meine Warnlampe.«

Es ist unfassbar, wie viele Zeichen du mir nach deinem Tod zum Thema ›Licht‹ geschickt hast. Begonnen hat es mit dem Lied *Ich lass' für dich das Licht an* von Revolverheld, welches du mir seit deinem Tod regelmäßig schickst.

Ich war direkt nach deinem Tod auf dem Rückweg vom Hospiz nach Hause, als ich das Lied zum ersten Mal hörte. Seitdem kommt es regelmäßig, genau in dem Moment, wenn ich ins Auto einsteige und den Motor anlasse. Für mich ist dies deine Botschaft, dass du mich begleitest.

Als ich dich bei deinem Sterben begleiten durfte, konnte ich, als dein Herz zu schlagen aufgehört hat, deine Präsenz direkt an meiner rechten Schulter spüren. Seitdem spüre ich dich häufig bei mir und bekomme Zeichen von dir geschickt.

Auch hast du dich über das Blinklicht im Auto bemerkbar gemacht und mir damit auf meine Fragen geantwortet.

Du lässt das Licht im Wohnzimmer verrücktspielen, lässt Kerzen flackern und Blinklichter beim Fernseher an- und ausgehen. Bei einem Jenseitskontakt hast du mir einen Leuchtturm gezeigt und mir gesagt, dass ich dein Licht sei. Und du zeigtest dem Medium meine großen Augen direkt nach meiner Geburt und meintest, dass ich damals schon direkt dein Licht gewesen sei.

Am meisten beeindruckt hat mich, als du den Kamin angemacht hast, ohne dass wir das Feuer angezündet haben. Weißt du was, Papa: Du bist auch mein Licht.

Unendlichkeit

Ich: Meine Liebe zu dir wird niemals enden. Wie könnte sie auch. Ich liebte dich schon, bevor ich geboren wurde. Die Verbindungen sind im Himmel entstanden, wie könnten sie auf der Erde getrennt werden.

Wir werden uns wiedersehen – auf deiner Seite ... Solange mache ich das Beste aus allem, was ich bekomme. Genauso hast du es mir vorgelebt. Genauso, hast du mir gezeigt, funktioniert dieses Leben. Spaß haben, mutig sein, Verrücktes tun. Nur wenn man spürt, dass man lebt, macht das Leben Sinn. Worauf warten, warum schonen – besser wird's nicht mehr. Dieser Moment ist alles, was ich habe, ist alles was zählt.

Ich spüre dich neben mir stehen, nur sehen kann ich dich nicht. Gestern Nacht war ein helles Licht im Raum. Ich hoffe, dass warst du.

Jetzt, während ich schreibe, höre ich *Photograph* von Ed Sheeran. Das Lied hast du mir in Florida geschickt. Ich habe mich selten so angekommen und leicht gefühlt wie dort. Es sind traumhafte Orte in Florida und ich verstehe, warum du immer mit uns dorthin wolltest. Ich wünschte, ich könnte dich immer so nah und begleitend spüren wie dort. Ich weiß, dass es meine Gedanken sind, die mich von dir trennen, denn Trennung existiert ja nicht wirklich. Und doch vermisse ich deine Scherze, deine Stimme, deinen Humor, deine Anrufe, deine SMS, deine Umarmung.

Zeichen

Wenn ein geliebter Mensch stirbt, sind der Schmerz und die Verzweiflung riesig groß. Man hat sich häufig davor noch keine Gedanken über das Sterben gemacht oder darüber, wie es danach weitergeht.

Und doch berichten viele Menschen davon, dass sie spüren, dass es mehr zwischen Himmel und Erde gibt, als wir sehen. Viele spüren, dass der Verstorbene noch irgendwie da ist und suchen nach Erklärungen.

Die Seelen der Verstorbenen sind ein Teil unseres Alltags, auch wenn wir sie nicht sehen. Wenn der Körper stirbt, ist die Seele frei und kann überall sein, wo sie gerne möchte. Die Seele des Verstorbenen begleitet die Hinterbliebenen und bekommt alles mit, was sie betrifft. Sie versucht zu unterstützen und zu helfen und bleibt so lange mit dieser Welt verbunden, wie jemand hier lebt, der ihr etwas bedeutet.

Viele Menschen kennen das Gefühl, dass jemand im Raum ist, ohne dass man jemanden sieht. Es fühlt sich an wie ein Schatten hinter einem, wie ein Luftzug oder eine leichte Berührung. Das ist real.

Verstorbene können sich bemerkbar machen. Sie wollen aber niemals Angst machen. Verstorbene sind immer noch intelligent! Man kann mit ihnen kommunizieren. Wenn man sie um Zeichen bittet, bekommt man eine Antwort.

Da es häufig schwierig ist, die zarten Zeichen zu erkennen, habe ich dir am Ende des Kapitels Zeichen zusammengestellt, die dir zeigen können, dass dein Verstorbener bei dir ist.

WIE BEKOMME ICH ZEICHEN?

Der Schmerz, den ein Tod hinterlässt, kann unglaublich intensiv sein. Daher sehnen sich so viele Menschen danach, ein Zeichen von der verstorbenen Person zu bekommen. Der Wunsch ist zwar absolut berechtigt, doch wenn er zu einem Zwang wird, behindert man die Energie. Denn wenn du auf ein Zeichen wartest und alles nur danach ausrichtest, wirst du keines bekommen. Am besten ist es, du sprichst mit deinem Verstorbenen, bittest um ein Zeichen und gehst dann weiter deinem Alltag nach.

Der Grund, warum das so ist, heißt Resonanz. Wenn man etwas zwanghaft will, wird es nicht geschehen. Man muss es wollen und es dann geschehen lassen. Das ist mit allen Dingen in unserem Universum so. Wenn wir im Mangeldenken (»ich will aber unbedingt«) sind, kann das, was wir uns wünschen, nicht geschehen.

Also: Auch wenn es schwerfällt, bitte um Zeichen und lass anschließend los. Deine Verstorbenen werden alles tun, um dir zu zeigen, dass es ihnen gut geht.

Warum wollen die Verstorbenen das? Haben die nichts Besseres zu tun? Sie spüren, wie es uns geht, dass wir sie vermissen, und möchten helfen. Sie können uns Zeichen schicken und trotzdem noch ihre Entwicklung in der geistigen Welt weiter erfahren.

Verstorbene sind sehr hilfsbereit und über die Liebe immer mit uns verbunden.

WELCHE ZEICHEN GEBEN VERSTORBENE?

Verstorbene können über folgende Dinge Zeichen geben. Aber Achtung: Nicht jeder Verstorbene kann all diese Zeichen geben.

Frage dich selbst am besten: Was war mein Verstorbener zu Lebzeiten für ein Typ? War er sehr technisch interessiert? Eher zurückhaltend und schüchtern? Immer bei Unternehmungen dabei, ein Tierfreund, ein Motorradfahrer?

Häufig geben extrovertierte Seelen Zeichen über Elektrik oder technische Geräte. Seelen, die gerne Menschen umarmt haben und sehr körperlich zu Lebzeiten waren, übermitteln auch nach ihrem Tod über Nervenreize am Körper Zeichen. Sehr zurückhaltende oder naturverbundene Menschen zeigen sich eher über Tiere oder Naturzeichen.

ZEICHEN

Elektrische Phänomene

Verstorbene können Lichter und Lampen flackern lassen, sie können Kontrollleuchten im Auto oder an technischen Geräten verrücktspielen lassen, sie schalten häufiger den Fernseher an, um oder aus, beeinflussen das Radio, wechseln den Sender oder machen die Musik lauter. Auch Computer, Handys oder Kaffee-maschinen werden beeinflusst und manipuliert.

Häufig waren diese Gegenstände oder Geräte den Verstorbe-nen auch zu Lebzeiten wichtig und so geben sie auch nach ihrem Tod darüber Zeichen. Sie lenken unseren Blick auf Internet-posts oder Artikel, die wichtig sind, die Tipps enthalten oder bei denen wir ein Zeichen finden. Sie lassen YouTube-Videos spie-len oder öffnen WhatsApp-Verläufe, die schon lange gelöscht waren.

Nervenreize am Körper

Hinterbliebene spüren eine Gänsehaut, ein Kribbeln oder eine Berührung meist nur an einer Stelle oder einseitig am Körper. Auch Wärme, Kälte, ein Windhauch oder Kitzeln wird häufiger wahrgenommen. Oft reagieren Verstorbene mit diesen Zeichen auf unsere Gedanken. Sie wollen uns aufheitern und uns zeigen, dass sie bei uns sin

Gefühle

Du bekommst das Gefühl, es steht jemand hinter dir oder fährt im Auto mit. Du hast das Gefühl, du bist nicht allein, eventuell siehst du auch einen Schatten oder ein Licht im Raum und spürst einfach die Anwesenheit. Manchmal bekommst du ohne vor-herige Gedanken ein sehr starkes Gefühl von Liebe oder Freude, welches nicht aus dieser Welt zu stammen scheint.

Gedanken

Plötzlich im Kopf auftauchende Gedanken oder Impulse, die aus heiterem Himmel kommen und/oder untypisch für dich, aber typisch für deinen Verstorbenen sind, können Zeichen sein.

Auch Antworten auf Fragen können plötzlich auftauchen oder neue Sichtweisen, ohne dass du darüber nachgedacht hättest. Du erhältst Impulse, die Lösungen beinhalten, die du aber nicht kennen kannst, z. B. wo sich der Steuerordner befindet, wie die Heizungsanlage funktioniert etc.

Tiere

Verstorbene geben Zeichen über Schmetterlinge, Libellen oder andere Tiere an ungewöhnlichen Orten oder zu ungewöhnlichen Jahreszeiten, über Wildtiere wie Rehe, Füchse oder Dachse, die sehr nahe kommen oder dich beobachten.

Aber auch über Haustiere wie Hunde oder Katzen, die sich ohne Grund freuen oder an die Wand starren, können sich Verstorbene melden. Meist reagieren die Haustiere, die den Verstorbenen zu Lebzeiten kannten, eher freudig als verwirrt.

Musik

Wenn du das Radio anstellst oder gerade ins Auto steigst, kommt das Lied, das du mit dem Verstorbenen verbindest. Die Musik wird automatisch lauter oder die Playliste auf dem Handy aktiviert sich von alleine.

Vielleicht wachst du mit einem Lied im Kopf auf und wenn du dir den Text des Liedes durchliest, findest du darin eine Botschaft der geistigen Welt.

Zahlen/Buchstaben

Anfangsbuchstaben oder Initialen des Verstorbenen begegnen dir auf Schildern oder Autokennzeichen.

Geburtsdatum, Sterbedatum, Hochzeitsdatum begegnet dir auf Kennzeichen oder auch als Uhrzeiten. Zahlenwiederholungen der Lieblingszahl des Verstorbenen, , z. B. 555 oder auch 11:11 Uhr, können ebenfalls ein Zeichen sein.

Gegenstände

Hinterbliebene finden, ohne danach zu suchen, häufig Federn, besondere Steine, Geldstücke auf dem Weg oder direkt vor dem eigenen Haus. Manchmal geben Verstorbene auch Zeichen über ihre eigenen Gegenstände, die sie irgendwo auftauchen oder verschwinden lassen.

Naturzeichen

Verstorbene können durch Regenbogen, Wolkenformationen, Lichtpunkte, Sternschnuppen ihre Anwesenheit zeigen.

Geräusche/Gerüche

Über Holzknarren, Motorengeräusche, Stimmen, die du ohne Grund hörst, zeigen sich Verstorbene ebenfalls. Und auch der Geruch des Lieblingsparfums, Essensdüfte, Rauch oder andere spezielle Gerüche, die ohne erkennbaren Grund im Raum auftauchen, können von Verstorbenen erzeugt werden.

Die Liste ist endlos erweiterbar und Verstorbene sind sehr einfallsreich, um zu zeigen, dass sie noch da sind. Bitte um Zeichen, lass los und habe Vertrauen, dass deine Verstorbenen dir Zeichen schicken.

Was bedeutet es, wenn ich Zeichen geschickt bekomme?

Es bedeutet, dein Verstorbener ist bei dir. Er sieht, wie es dir geht, und möchte dir zeigen, dass er noch da ist und dich begleitet.

Häufig bedeuten Federn Begleitung und Unterstützung, technische Zeichen wie ein Wackelkontakt entsprechen eher einem »Hallo« oder sie erinnern dich daran, etwas positiver zu denken, oder bestätigen, dass der Gedanke, den du gerade gedacht hast, gut ist.

Musikzeichen zeigen oft die Verbindung und die Liebe füreinander und Tierzeichen haben viele Bedeutungen. Bei Tieren hilft es auch, das betreffende Tier mit dem Begriff ›Krafttier‹ zu googeln und die Bedeutung nachzulesen.

Beachte jedoch, dass es bei keinem der Zeichen eine Verallgemeinerung gibt. Achte daher bei jedem Zeichen auf dein Gefühl und überlege, ob es Sinn macht und auch zum Charakter deines Verstorbenen passt. Sehr zurückhaltende Menschen geben seltener elektrische Zeichen, extrovertierte machen sich weniger über Gefühle bemerkbar.

Wenn du ein Zeichen im Außen wahrnimmst, kannst du auch immer noch schauen, wie es sich emotional und körperlich für dich anfühlt. Spürst du gleichzeitig zum Zeichen ein Kribbeln, Gänsehaut oder Wärme an einer Stelle deines Körpers oder fühlst du dich ganz plötzlich sehr emotional, dann spricht vieles dafür, dass es ein Zeichen aus der geistigen Welt ist.

Was bedeuten Zahlenwiederholungen?

Zahlenwiederholungen bei Uhrzeiten wie 11:11 Uhr oder auch auf Autokennzeichen 555 können ebenfalls Zeichen von Verstorbenen sein, wenn sie mit dir oder deinen Verstorbenen zu tun haben. Die Todeszeit, der Geburtstag, das Hochzeitsdatum oder Hausnummern werden von Verstorbenen sehr gerne als Zeichen geschickt.

Wenn es aber immer wieder Zahlenwiederholungen sind, die für dich keinen Sinn machen, kann es auch ein Zeichen deines Geistführers sein. Wenn du dich schon länger mit Spiritualität beschäftigst und dich darin weiterbilden möchtest, geben dir die Geistführer oft diese Zeichen, um zu zeigen, dass du sensitiver wirst, dass du Dinge stärker wahrnehmen kannst. Betrachte es als Unterstützung.

Möglicherweise steht es in Zusammenhang mit deiner steigenden Energie. Man spricht dann von Synchronizität. Je stärker du deiner Intuition, deinem ersten Gefühl, deiner Begeisterung folgst, umso häufiger wirst du Synchronizitäten wie Zahlenwiederholungen und anderer Phänomene (telepathische Gedanken, das Wissen, was passiert, Hellfühlen etc.) erleben.

Wie kann ich deutlichere Zeichen bekommen?

Nimm alles, was du wahrnimmst, als Zeichen deines Verstorbenen an und bedanke dich bei ihm. Die geistige Welt freut sich, wenn du die Zeichen wahrnimmst und sie wird dir mehr Zeichen davon schicken.

Ein Medium hat mir einmal gesagt, dass mein Vater mir Libellen schickt. Ich habe bis dahin nie eine Libelle bei uns in der Nähe gesehen. Mein Vater hat diese Botschaft in der geistigen Welt mitbekommen und mir ab diesem Zeitpunkt zwei Wochen lang jeden Tag viele Libellen geschickt. Als ich die Zeichen erkannte und mich bedankte, wurden die Libellen so viele, dass ich es nicht mehr leugnen konnte. Eine Libelle verfolgte mich sogar den kompletten Spaziergang hindurch und flog mir auch immer mal wieder leicht an den Kopf, so als wollte sie sagen: »Hast du es jetzt verstanden?«

Gut ist es auch, wenn du dir ein Heft anlegst, in das du alle Zeichen, die du bekommst, aufschreibst. Oft vergessen wir Zeichen oder werden traurig, wenn wir einige Zeit keine Zeichen wahrgenommen haben.

Schreibe dir alles auf, von dem du meinst, es könnte ein Zeichen gewesen sein. Oft lässt sich nach ein paar Wochen ein Muster in den Zeichen erkennen. Du verstehst dann besser, ob dein Verstorbener sich häufiger über Tierzeichen, elektrische Zeichen oder Träume etc. zeigt. Zudem hilft die Zeichenliste auch in Zeiten, in denen du weniger Zeichen wahrnimmst, ein gutes Gefühl zu behalten. Lies sie dir immer mal wieder durch und verstärke dadurch auch die Verbindung zu deinem Verstorbenen.

Kann jeder Verstorbene Zeichen geben?

Grundsätzlich ja. Auch Verstorbene, die zum Ende ihres Lebens sehr krank waren, im Koma lagen oder zu Lebzeiten behindert waren, können als Seelen Zeichen geben. Denn die Krankheit, die sie hatten, war ein Thema des Körpers oder des Geistes, nicht jedoch der Seele. Jeder Verstorbene ist in der geistigen Welt ›heil‹. Er leidet nicht mehr und kann genauso kommunizieren wie Verstorbene, die vorher nicht krank waren.

Auch die Seelen von Fehlgeburten, Totgeburten oder Abtreibungen können mit uns kommunizieren und Zeichen schicken. Die Seelenverbindung existiert bereits ab der Befruchtung und entsteht nicht erst bei der Geburt. Die Seelen der Babys wissen, dass sie nicht lebend zur Welt kommen werden, und kennen ihren Seelenplan, der das nicht vorsieht. Und dennoch sind sie voll Liebe für ihre Eltern und Verwandten. Sie spüren die Verbindung und die Liebe und können genauso wie andere Verstorbene Zeichen schicken.

Falls du ein Sternenkind hast, dein Kind also vor oder kurz nach der Geburt verstorben ist, höre auf dein Gefühl. Du kennst den Charakter deines Kindes, auch wenn du es nicht lebend im Außen kennenlernen konntest. Du spürst dennoch sehr viel von ihm. Hab Vertrauen, dass die Seele deines Kindes da ist und dich begleitet, und bitte um Zeichen und Kommunikation. Es funktioniert ganz genauso wie mit anderen Verstorbenen. Oft ist es sogar noch leichter, da diese Seelen sehr lustig, schnell und unglaublich liebevoll sind.

BESONDERE ZEICHEN
Kamin

Nach einem Traum, in dem ich mit meinem Vater in einem Hotel war und wir gemeinsam gegessen haben, bin ich morgens erwacht. Sofort war der Schmerz über seinen Tod wieder sehr präsent und ich war unendlich traurig. Ich ging in die Küche, um mir einen Kaffee zu machen, und sprach in Gedanken leise mit meinem Vater, dass ich ihn so sehr vermisste.

Plötzlich hörte ich ein Geräusch im Wohnzimmer. Als ich nachsehen ging, entdeckte ich Licht im Kamin. Dort brannte ein Feuer und ich freute mich darüber und wunderte mich zugleich, dass mein Mann schon vor mir aufgestanden sein musste, um den Kamin anzufeuern. Als dieser dann die Treppe herunterkam, fragte ich ihn, warum er denn schon Feuer gemacht habe. Er sah mich mit großen Augen an und verstand nicht, was ich meinte. Er habe bis gerade geschlafen und der Kamin sei schon seit Tagen nicht mehr an gewesen. Es liege doch auch nicht einmal Holz darin. Wir konnten es beide kaum glauben, aber das Feuer im Kamin brannte noch ein paar Minuten weiter, bevor es wieder erlosch. Mein Vater hatte mir wieder einmal über Licht und Wärme ein Zeichen geschickt.

GEDANKEN UND ZEICHEN IM AUSSEN

Heute waren wir mit meiner Mutter unterwegs. Oft passiert es mir, dass ich sie fragen will, wie es meinem Vater geht. Zum einen, weil wir früher selten ohne ihn unterwegs waren und er sich dann immer per WhatsApp zuschaltete. Zum anderen, weil mein Dad genau bei diesen Familienausflügen als Seele wirklich dabei ist. Ich denke an ihn in der Gegenwart, weil er wirklich da ist. Das verwirrt mich in der ersten Sekunde, denn es fühlt sich an wie eine Art Déjà-vu oder als ob die Zeit stehengeblieben ist und es die letzten 4 Jahre nach seinem Tod nicht gab.

Heute ist mir das im Auto wieder passiert. Und als ich über ihn und dieses Phänomen nachdachte, kam uns in dem Moment ein silbernes Oldtimer-Cabrio entgegen mit einem älteren Pärchen drin. Das war seine Antwort auf meine Gedanken. Meine Eltern hatten nämlich die schönsten Momente gemeinsam bei Ausfahrten in einem silbernen Oldtimer-Cabrio erlebt.

DER BLUMENTOPF

Eine Frau kam in meine Praxis, um einen Jenseitskontakt zu ihrer verstorbenen Mutter herzustellen. Diese war eine sehr hilfsbereite und liebevolle Person und sie gab sich auch jetzt im Kontakt viel Mühe, mir ihr Leben detailliert zu zeigen, damit ihre Tochter sie erkannte. Sie zeigte mir Familiendetails und Todesursache.

Als es um das Thema Zeichen ging, zeigte sie mir ihre Blumen. Ich sagte der Tochter, dass ihr ihre Blumen sehr wichtig seien und dass es sie freue, dass die Tochter sich darum kümmerte. Dann zeigte sie mir aber den Topf einer Blume und ich merkte, dass dies etwas mit einem Zeichen nach ihrem Tod zu tun hatte. Außerdem zeigte sie mir immer den Buchstaben N.

Bei dieser Information brach die Tochter in Tränen aus und bestätigte mir das. Nach der Sitzung fragte ich sie, was der Topf denn mit dem Buchstaben zu tun hätte, da ich den Zusammenhang nicht verstand. Sie erzählte mir, dass sie die Blumen ihrer Mutter nach deren Tod mit in ihre Wohnung genommen hatte. Bei einem Telefonat hatte es zwischen den Geschwistern einen großen Streit gegeben und während diesem Streit sei ein Blumentopf zerplatzt. Allerdings zerbrach der Topf nicht vollständig, sondern es waren überall Risse zu sehen, die alle eine Form wie der Buchstabe N aufwiesen.

Die Klientin hieß Nicole. Die Mutter hatte versucht, ihrer Tochter darüber Unterstützung und Zeichen zu schicken. Dass der Topf beschädigt wurde, lag an der hohen Energie, die durch den Streit und durch die Energie der Mutter im Raum entstanden war. Das N war das Zeichen der Unterstützung.

ZEICHENKOMBINATIONEN

Eines Morgens stand ich in der Küche, hörte Musik aus meiner YouTube-Playliste und war sehr erschöpft. Plötzlich spürte ich ein Zwicken in meiner rechten Rippengegend und musste lachen, da es kitzelte. Aus Scherz meinte ich in Gedanke: »Na Papa, willst du mich aufheitern?« Plötzlich bekam ich großen Appetit auf Kiwis und aß eine. Für meinen Vater war das Allheilmittel Kiwis, Sauna und Joggen. Das half für ihn gegen alles. Als ich die Kiwi aß, wurde plötzlich das Lied auf meinem Handy leiser. Ich war sehr gerührt über die drei Zeichen und lief ins Wohnzimmer zu einem Zettel, auf den ich alle Zeichen der letzten Tage aufgeschrieben hatte.

Kurz bevor ich den Tisch erreichte, flog der Zettel mir aus dem Nichts entgegen und fiel vor mir auf den Boden. Ich hob ihn auf und wollte gerade die Zeichen mit Kiwi, Kitzeln und Musik aufschreiben, da stoppte das Lied der Playliste und wechselte zu einem anderen Lied. Es spielte von alleine *Tougher than the rest* von Bruce Springsteen. Springsteen war einer der Lieblingssänger meines Vaters gewesen und eine der schönsten gemeinsamen Erinnerungen ist ein Springsteen-Konzert, das wir gemeinsam besucht hatten. Ich war sehr berührt von so vielen aufeinanderfolgenden Zeichen.

GEISTFÜHRER-ZEICHEN

Auch Geistführer können uns über Zeichen Botschaften schicken.

Es gab eine Zeit, in der ich an der Unterstützung von Paul zweifelte, da ich ihn wenig spürte und mich alleine fühlte. Ich bat ihn, mir ein Zeichen zu schicken, dass es mit Sicherheit er ist, der mich begleitet, und ich mir das nicht einbildete. In den darauffolgenden beiden Wochen sah ich 12 Mal an unterschiedlichen Orten der Stadt Filmplakate hängen, auf denen in Großbuchstaben ›PAUL‹ stand.

Ich bedankte mich bei ihm, war mir aber immer noch nicht 100 % sicher. Erst als ich während eines Ausbildungswochenendes von einer mir fremden Schülerin eine Sitzung erhielt, in der sie mir sagte, dass sie immer eine Art Mentor bei mir spürte, der ihr den Namen Paul sagte, konnte ich es wirklich glauben. Seitdem habe ich nie wieder an seiner Unterstützung gezweifelt.

Nicht immer sind die Zeichen so eindeutig. Aber die geistige Welt und auch die Geistführer möchten gerne erkannt werden und geben sich große Mühe damit, uns Zeichen zu schicken, wenn wir sie darum bitten.

Manchmal tun sie sich auch mit Verstorbenen zusammen, um uns zu erreichen. Inzwischen fühle ich meinen Vater häufig mit Paul gleichzeitig bei mir. Sie zeigen mir, dass es zu zweit leichter ist, mich zu erreichen, und ergänzen sich. Für sie ist es nicht wichtig, wem ich das Zeichen oder die Botschaft zuordne, da sie beide nur mein Bestes möchten und froh sind, wenn ich es erkenne.

Verbindungen

»Zur Abwechslung:
einfach mal Vertrauen haben!«

Ich: Guten Morgen, Papa. Was mich heute beschäftigt, ist das Thema Zeichen. Du schickst mir so viele Zeichen, wenn ich darum bitte oder auch einfach von dir aus. Und wenn ich auf die letzten drei Jahre nach deinem Tod zurückblicke, habe ich das Gefühl, dass du auch bei Dingen, die sich ereignet haben, deine Finger im Spiel hattest. Kannst du aus der geistigen Welt wirklich noch Situationen beeinflussen?

Papa: Ja. Aber nicht so, wie du dir das vorstellst. Ich kann euch begleiten und ich kann euch Ideen und Menschen schicken. Ich kann euren Blick auf Dinge lenken, die euch helfen weiterzugehen. Aber ich kann nicht beeinflussen, ob ihr danach handelt oder was genau durch eure Entscheidungen geschieht. Ich sehe – wie soll ich es beschreiben – so etwas wie Zeitstrahlen im Universum. Ich kann sehen, was geschieht, wenn ihr diese oder jene Entscheidung trefft oder Erfahrung macht, und kann euch helfen, euren Weg leichter zu gehen. Aber ich kann euch die Entscheidungen nicht abnehmen und ich kann euch auch nur bedingt vor Erfahrungen schützen.

Ich: Was meinst du mit ›bedingt‹?

Papa: Ich kann euch nicht vor wichtigen Entwicklungsschritten bewahren. Durchsetzungsvermögen haben, Grenzen setzen, Trauer verarbeiten, das alles kann schwer sein und auch wehtun. Zu diesen Themen mussten deine Mutter und du viel lernen in den letzten Jahren. Manchmal hätte ich euch gern vor diesen Erfahrungen beschützt. Aber das liegt nicht in meiner Macht. Was ich aber mache, ist, dass ich euch Zeichen schicke, durch die ihr eure Aufgaben besser versteht und es euch somit besser geht – Zeichen wie Träume, Gedanken, Zeitungsartikel, Begegnungen und vieles mehr.

Ich: Ja, ich verstehe, was du meinst. Ich wünsche mir zwar manchmal, dass du wieder die Entscheidungen in der Familie treffen könntest. Aber ich bin dir sehr dankbar für die ganze Unterstützung, die du uns zukommen lässt.

Die für mich positiven Zeichen wie Musik, Licht, Tiere verstehe ich. Die für mich negativen Zeichen wie Probleme mit der Technik, dem Auto, den Dingen, die nicht funktionieren, verstehe ich hingegen nicht. Welche Bedeutung haben diese Zeichen?

Papa: Viele dieser Zeichen sind nicht von mir. Beobachte deine Energie, wenn diese Zeichen auftauchen. Oft geschieht das in Zeiten, in denen du nicht du selbst bist, in denen du meinst, etwas leisten zu müssen und du dich selbst verleugnest. Dass dann Dinge verrücktspielen oder blockieren, ist doch kein Wunder. Frage dich, wie es dir wirklich geht. Manchmal bedeuten die Zeichen, dass ihr etwas ändern müsst, damit es wieder funktioniert. Es sind keine

Zeichen aus der geistigen Welt. Wenn die Zeit der Blockade vorbei ist, siehst du häufig im Nachhinein, dass es wichtig für den nächsten Schritt war.

Du musst dir aber gar nicht so große Gedanken machen, ob das ein Zeichen von mir war oder nicht. Denn bei blockierter Energie – egal ob von dir oder als Zeichen – ist die Lösung IMMER hinzuspüren, was deine Seele gerade braucht und von dir möchte. Es geht darum, ehrlich zu dir selbst zu sein und danach zu handeln.

Telepathie

Ich: Wie funktioniert das mit der Telepathie? Warum rufe ich immer zur selben Zeit bei meiner Mutter an wie meine Schwester? Ist das rein physikalisch oder hat es auch eine Bedeutung?

Papa: Zuerst einmal ist es für mich physikalisch, wenn du es so nennen willst. Alles ist Schwingung, alles ist Information, alles ist Energie. Stelle dir eine kleine Sonne vor. Das bist du. Wenn deine Energie gebündelt und rein ist, strahlst du deine Information nach außen und nimmst auch alle Schwingungen, die dich betreffen, deutlich wahr. Du bist mit den Menschen, die dir etwas bedeuten, über diese Schwingungen verbunden. So kommt es, dass in den Zeiten, in denen du wenig andere Themen hast, die

Schwingungen deiner Schwester und Mutter wahrnimmst und, ohne dass es dir bewusst ist, auf einer Welle
mit ihnen schwingst. Daher nimmst du Krankheiten,
Gedanken und eben auch Anrufimpulse von ihnen wahr.

Ich: Heißt das, ich nehme das nur so klar wahr, wenn es mir gut
geht und ich nicht so viel mit mir und eigenen Themen
beschäftigt bin?

Papa: Ja, genau. Daher ist es in manchen Zeiten stärker, dass ihr
euch telepathisch verbunden fühlt und zur selben Zeit
anruft, und manchmal nicht so.

Ich: Also wenn ich möchte, dass es öfter ist ...

Papa: Dann musst du schauen, dass du es dir gut gehen lässt,
dass du Stress nicht so an dich heranlässt, dass du dich
nicht selbst mit negativen Gedanken herunterziehst ... du
weißt, was ich meine.

Ich: Ja, ich verstehe.

VERSTORBENE BEKOMMEN ALLES MIT

Eine junge Frau war als Klienten in meiner Praxis, um einen
Jenseitskontakt zu ihrem verstorbenen Freund zu bekommen.

Der Freund zeigte mir direkt, dass es von seiner Seite aus
mehr war als Freundschaft, dass sie aber nie wirklich ein Paar
gewesen waren. Die Verbindung der beiden war sehr speziell,
sehr tief und dennoch konnten sie sie zu Lebzeiten nicht wirklich

leben. Er entschuldigte sich direkt, dass er immer an ihren Gefühlen gezweifelt hatte. Er zeigte mir viele schöne Erinnerungen, die beide geteilt hatten, und die Freundin erkannte ihn in allen Erzählungen. Er sprach auch direkt den Sohn der Freundin an und sagte, dass er ihn sehr gern gehabt hatte. Wörtlich sagte er: »Dein Sohn hat mich daran erinnert, dass ich mehr Lebensfreude spüren sollte. Es tut mir leid, dass ich das nicht konnte.«

Die Freundin begann zu weinen und bestätigte, dass sie oft gespürt hatte, dass ihn etwas bedrückte.

Er reagierte mit den Worten: »Ich übernehme die volle Verantwortung für mein Handeln und es tut mir unendlich leid, dass ich so einen Schmerz ausgelöst habe.«

Ich spürte sofort, dass er sich das Leben genommen haben musste, und merkte, dass mir die Luft knapp wurde. Meine Klientin bestätigte, dass er sich an einem Baum erhängt hatte. Er zeigte mir als wichtigste Botschaft, dass ich ihr sagen solle, er wisse jetzt alles.

Er zeigte mir ein Telefongespräch zwischen der Freundin und einer Bekannten und konnte mir Details aus dem Gespräch nennen, die nur sie wusste. Er sagte, während des Gesprächs sei bei ihr das Radio lauter geworden, als es um die Liebe zwischen den beiden ging, und dass dies ein Zeichen von ihm gewesen sei.

Sie fiel aus allen Wolken und bestätigte das seltsame Radiozeichen. Er sagte, er verstehe jetzt alles und auch wenn er seine Entscheidung zu gehen nicht mehr rückgängig machen könne, sei er jetzt im Frieden mit allem und ihr wünsche er dies ebenfalls.

Sie verließ meine Praxis mit einem Lächeln und schrieb mir später noch, wie viel Heilung der Kontakt für sie gebracht habe, da sie sich vorher die Schuld an seinem Tod gegeben hatte.

WIE IST ES, WENN MEIN KIND SCHON VOR DER GEBURT GESTORBEN IST?

Bleibt die Verbindung der Seelen trotzdem bestehen? Ja, die Seelenverbindung kann niemals abreißen. Auch zu ungeborenen Kindern besteht die Verbindung in die geistige Welt weiter. Die Seelen wissen, dass sie nicht auf diese Erde zu diesem Zeitpunkt inkarnieren werden, und sind im Frieden damit. Eine Art ›imaginäre Nabelschnur‹ verbindet sie aber immer mit ihren Eltern.

Auch zu ungeborenen Kindern ist ein Jenseitskontakt möglich. Viele Eltern berichten auch von denselben Zeichen, die sie von ihren Sternkindern bekommen, wie von anderen Verstorbenen.

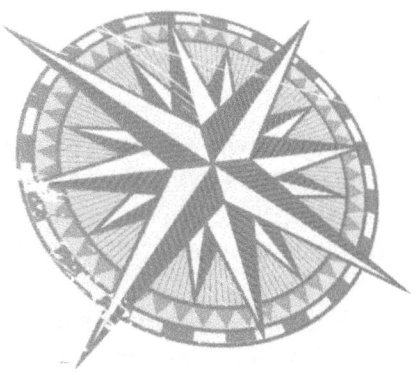

Struktur der geistigen Welt

Ich: Hallo Papa, stört dich die Musik?

Papa: Nein, mich nicht, wenn es für dich okay ist. Bei mir ist
         immer Musik

Ich: Wie, immer?

Papa: Immer! Ich höre rund um die Uhr Musik, alles klingt,
         jeder Stein, jeder Baum, ich höre alles als Musik.

Ich: Aber sind für dich denn Steine noch Steine und Bäume
         noch Bäume?

Papa: Ja und nein, es ist mehr wie ein Schwingungsmeer aus
         farbigen, klingenden Wellen, die durch die Luft schwe-
         ben und aufgegriffen werden können. Genauso ist es mit
         euren Worten und Gedanken.

         Ich kann mich, so wie in diesem Moment, auf die farbige
         Welle deiner Gedanken einstimmen und mitschwingen.
         Dann höre ich sozusagen, was du denkst. Wobei hören im
         Grunde der falsche Ausdruck ist. Es ist mehr ein Mit-
         schwingen – so als würde ich mich gerade in deine Hänge-
         matte legen und mich tragen lassen von deinen Gedanken.

Ich: Das ist ein wunderschönes Bild.

Papa: Ja, so ist es.

Ich: Und wenn ich aufhöre, an dich zu denken, schwingst du dich auf einer anderen Welle weiter?

Papa: Ja, so in der Art. Ich werde manchmal ›gerufen‹. Dann werden sozusagen passende Wellen – mit dem Code meines Namens versetzt – zu mir gesandt, ich nehme sie auf und bin dann sofort am Ursprung bzw. Aussendepunkt dieser Welle. Das ist aber gar nicht so abstrakt, wie es gerade klingt.

Denke an letzte Nacht. Du lagst im Bett und wurdest wach, weil du das Gefühl hattest, die Katze hätte miaut. Als du wach warst, konntest du es natürlich nicht mehr hören, da man Miauen bei euch nicht durch die 3fach verglasten Fenster hören kann. Außerdem war ja starkes Gewitter. Und doch hat die Katze unten vor der Tür auf dich gewartet, als du die Tür geöffnet hast. Sie hatte nach dir gerufen und diese Schwingung, also ihr Fokus auf dich und dann ihr Rufen, hat dich sogar im Schlaf erreicht und so stark zum Schwingen gebracht, dass du aufgewacht bist. So in der Art ist das auch bei uns.

Wo bitte geht's zum Licht?

Das Thema ›Licht‹ begegnet mir in der Medialität immer wieder. Für mich war beim Nahtoderlebnis auch alles hell und klar um mich herum. Wenn man mich als Kind gefragt hätte, wie es sich anfühlt, hätte ich es wahrscheinlich auch als ein Gefühl wie watteweiches Licht beschrieben und doch zeigt mir kein Verstorbener beim Jenseitskontakt, dass er ins Licht gegangen ist. Es wird mir immer gezeigt, dass das Licht schon hier ist, wir es aber selten wahrnehmen.

Am 24.2.14 wurde ich gegen Mittag vom Hospizleiter angerufen. Er sagte, meinem Vater gehe es sehr schlecht und wir sollten uns auf den Weg machen. Ich fragte, wie er das meine, denn ich konnte es nicht verstehen. Zwei Tage vorher war er noch zu Hause gewesen, lief durch die Gegend und kommandierte meine Mutter herum. Der Hospizleiter sagte, er habe schon viele Menschen sterben sehen, und er wisse, wir hätten nicht mehr viel Zeit.

Ich organisierte einiges auf die Schnelle und setzte mich ins Auto, um nach Marburg zu fahren. Als ich im Hospiz ankam, war mein Vater schon nicht mehr richtig bei Bewusstsein. Ich spürte sofort, dass er wusste, dass ich da war, denn seine Atmung wurde etwas ruhiger, als ich ihn berührte. Als später auch meine Schwester zu meiner Mutter und mir stieß, konnten wir merken, dass mein Vater allmählich bereit war zu gehen. Es war unglaublich friedlich, auch wenn ich spürte, dass er etwas Angst hatte vor dem, was nun auf ihn zukam.

Ich bat meinen Geistführer und die ganze geistige Welt um

Heilung und Unterstützung für ihn und der Raum schien mir hell erleuchtet. Ich nahm seine Hand und träumte, dass wir gemeinsam einen Strand auf Santorini entlanglaufen. Ich hob eine Muschel auf und gab sie ihm. In dem Moment spürte ich, wie jemand an meiner rechten Schulter stand. Als ich die Augen öffnete, sah ich niemanden. Die Wärme aber war sehr stark und als ich die Augen schloss, merkte ich, dass es seine Seele war, die an meiner Seite stand. Kurze Zeit später hörte sein Körper auf zu atmen.

Als ich ihn später fragte, ob das Sterben ein Ins-Licht-Gehen sei, verneinte er. Als ich fragte, ob es ein Nach-Hause-Kommen sei, verneinte er ebenfalls. Auf die Frage, was es denn dann sei, sagte er: »Nur ein Schritt zur Seite.«

INS LICHT GEHEN, INS LICHT SCHICKEN

Wenn wir uns in der spirituellen Literatur oder auf Esoterikmessen umschauen und umhören, werden wir zwangsläufig irgendwann mit Angeboten konfrontiert, die uns weißmachen wollen, dass unsere Verstorbenen nicht ›im Licht‹ seien und wir etwas tun oder Geld bezahlen müssten, damit sie ins Licht gehen können.

Auch wird in zahlreichen Büchern berichtet, dass es verschiedene Ebenen in der geistigen Welt gibt, dass manche Verstorbenen leiden oder einen Heilschlaf machen und dass wir als Hinterbliebene Einfluss auf sie haben. So gut manchen Menschen vielleicht die Vorstellung gefällt, wir hätten eine Macht über die geistige Welt, so abwegig ist für mich dieser Gedanke.

Stellen wir doch einen Moment wissenschaftliche Betrachtungen an. Wir wissen aus der Physik, dass wir aus 100 % reiner

Energie bestehen, d. h., wenn ein Teil, also unser Körper, stirbt, kann sich unsere Energie nur verändern, aber nie auflösen, denn Energie lässt sich nicht beseitigen oder löschen, sondern nur verändern. Vergleichbar mit Wasser verändern wir sozusagen unseren Aggregatzustand. Eis ist schließlich nichts anderes als gefrorenes Wasser und wenn Wasser kocht, wird es zu Dampf.

Wenn also unser Körper stirbt, ist unsere Seele als Energie weiter vorhanden. Unsere Seele ist auch vorher nur begrenzt an den Körper gebunden, das kennen wir vom Schlafen oder vom Meditieren, wenn wir manchmal außerkörperliche Erfahrungen machen. Unsere Seele war schon vor dem Körper, vor dieser Inkarnation da und überdauert diese auch wieder.

Ich nehme die Seele ähnlich wie Licht wahr. Das Licht haucht dem Körper leben ein und wenn der Körper geht, bleibt das Licht, auch wenn wir es nicht immer sehen. Es kann sich in Gedankenschnelle bewegen, ist frei und kann weder wegge-schickt noch festgehalten werden. Ebenso verhält es sich mit unseren Seelen. Man kann eine Seele, einen Verstorbenen, weder festhalten noch ins Licht schicken. Denn die geistige Welt und somit auch die Verstorbenen bestehen aus Licht; überall ist Licht und die Liebe verbindet uns immer mit den Verstorbenen.

Unsere Energie als Menschen ist durch Ängste, Gedanken, Blockaden niedriger schwingend als die freie, lichte Energie in der geistigen Welt. Wenn man diese Tatsachen auf sich wirken lässt, machen viele Horrormärchen keinen Sinn mehr. Keine Seele kann irgendwo festhängen oder den Weg nicht finden. Keine Seele ist nicht angekommen oder nicht im Licht.

Verstorbene können und würden auch niemandem schaden wollen. Sie besuchen uns, weil sie wahrgenommen werden wollen, weil wir um Zeichen gebeten haben oder weil sie neugierig sind. Sie können uns aber keine Energie nehmen, uns besetzen oder uns schaden. Es macht auch keinen Sinn, da ihre Energie viel leichter und höher schwingend ist als unsere und es keine Dualität, also kein Gut und Böse, mehr in der geistigen Welt gibt.

Die Dualität ist ein Zustand unserer Welt. Wir als Menschen können darüber lernen und uns erfahren.

Ich: Paul, gibt es in der geistigen Welt verschiedene Ebenen und Entwicklungsstufen?

Paul: Ich möchte es mit Aggregatzuständen vergleichen. Aus dem Physikunterricht wissen wir, dass Energie, also auch Materie, sich in verschiedenen Aggregatzuständen zeigt. Es gibt die Zustände flüssig, gasförmig und fest. Und selbst wenn wir sagen, etwas befände sich im festen Aggregatzustand, so wissen wir auf Molekularebene, dass es nicht fest ist, sondern aus vielen kleinen Teilchen besteht. Also nehmen wir mal eine feste Materie. Wenn diese sich durch äußere Umstände wie Hitze zum Beispiel auflöst, wissen wir, dass sie sich in Wirklichkeit nicht auflöst sondern in einen anderen Zustand übergeht, oder?

Ich: Ja, schon, aber ich verstehe nicht.

Paul: Gut. Also nun ist die Materie zum Beispiel nicht mehr fest, sondern flüssig. Aber würdest du mir nicht zustimmen, dass es sich bei der Materie, obwohl sie eine völlig andere Erscheinungsform eingenommen hat, immer noch um dieselbe Materie handelt?

Ich: Grundsätzlich würde ich dir zustimmen.

Paul: Gut. Und gehen wir jetzt weiter. Im gasförmigen Zustand handelt ist es sich immer noch um dieselbe Materie, eben nur in einer anderen Erscheinungsform. Mit anderen Worten: Die Materie ist nicht mehr so sichtbar wie vorher, aber auf Molekularebene noch vorhanden. Würdest du bei diesen Energieformen von Ebenen sprechen, von weiter, besser, höher oder einfach von unterschiedlichen Formen derselben Art?

Ich: Die Frage nach verschiedenen Ebenen, die so viele Menschen beschäftigt, hat sich damit für mich völlig erübrigt.

Paul: Und genauso wenig ergibt für uns in der geistigen Welt eure ›Ebenen-Diskussion‹ einen Sinn. Wenn einmal du alles auf ›Teilchengröße‹ betrachtest, handelt es sich einfach um andere Erscheinungsformen oder andere Zusammensetzungen, die alles individuell machen. Aber es hat nichts mit Entwicklungsebenen etc. zu tun.

Ich: Warum hält sich hartnäckig die Meinung, dass wir nach dem Tod oder vielleicht auf Seelenebene sogar schon vorher, auf verschiedenen Ebenen sind, Entwicklungsstufen durchmachen müssen um eine andere Ebene zu erreichen, irgendwo festhängen können und ähnliche Meinungen?

Paul: Weil Menschen gerne in Kategorien denken. Jedes eurer politischen und gesellschaftlichen Systeme funktioniert durch Kategorien und Ebenen. Wenn jemand sagen würde, dass die Menschen alle gleich kostbar sind, egal welche Herkunft, welchen Bildungsgrad, welchen Job, welche sexuelle und religiöse Orientierung sie haben, wollt ihr das nicht hören. Und wenn man noch einen Schritt weitergeht und sagt, dass sogar alle Menschen gleich kostbar sind, völlig egal was sie tun, ob sie Heiler oder Mörder sind, geht ein Aufschrei durch eure Reihen. Es passt nicht in euer Wertesystem. Daher ist ein System von Ebenen in der geistigen Welt für euch das einzige, was für viele annehmbar ist.

Träume von Verstorbenen

Ich: Papa, heute Nacht habe ich von dir geträumt. Du sahst jünger aus und völlig gesund. Ich habe mich so gefreut, dich endlich wiederzusehen. Du hattest eine Jeans und ein blau-weiß gestreiftes Hemd an und warst braun gebrannt. Vielleicht, weil du dich so am liebsten gesehen hast, vielleicht, weil es ein Sinnbild für Leichtigkeit, Entspannung und körperliche Gesundheit für mich ist. Wie auch immer, es war so toll, dich zu sehen. Du lächeltest mich an und meintest: »Sollen wir was essen gehen?« Da erst merkte ich, dass wir im Hotel waren und ich nur auf dich gewartet hatte, damit wir zusammen frühstücken können.

Das Frühstück war dir immer so wichtig gewesen und konnte mit Zeitunglesen gerne mal zwei Stunden dauern. Wenn ich in den letzten Jahren alleine auf Seminarreise war, saß ich oft morgens im Hotel in Gedanken mit dir am Frühstückstisch und hörte das Rascheln deiner Zeitung. In diesem Traum war alles so real. Nur du warst etwas verändert. Du warst so entspannt und liebevoll und nicht so hektisch wie früher.

Ich wusste im Traum plötzlich, dass du sterben wirst, und dachte mir, ich müsse diesen Moment mit dir beim Frühstück ganz intensiv genießen, da es einer der letzten sein würde. Es fiel mir früher immer schwer, dir meine Liebe zu zeigen. Ich bin kein Mensch, der mit Leichtigkeit andere Menschen in den Arm nimmt oder ihnen Komplimente macht. Nicht weil ich es nicht so fühle, sondern weil die Nähe für mich manchmal schwer zu ertragen ist. Ich fühle mich dann so verletzbar. Ich glaube, durch die Gewalt, die ich erlebt habe, entstand einfach eine gewisse Zurückhaltung allen Menschen gegenüber. Außer bei meinen Kindern, da ist es zum Glück anders. Die berühre und küsse ich immer und gerne. Aber selbst in der Familie konnte ich leichter über Gefühle sprechen, als diese zu zeigen.

Allein in diesem Traum war es anders: Ich musste mich überwinden, das wusste ich plötzlich. Ich berührte deine Hand, du sahst mich an und ich sagte: »Papa, ich habe dich lieb.« Du lächeltest und meintest: »Ich dich auch, mein Schatz!« Und last weiter Zeitung. Ein kleiner Moment, der für mich so kostbar war, da ich etwas nachholen konnte, was ich zu deinen Lebzeiten selten geschafft hatte.

Und wieder änderst du die Schriftart in Helvetica – danke,

dass du mitliest! Und wie lustig, dass du ausgerechnet aus Hunderten von Schriften diese gewählt hast. Zum einen natürlich, weil sie größer und auffälliger ist als meine, ganz klar. Aber auch, weil du früher Helvetia Versicherungen verkauft hast und Helvetia auch die lateinische Bezeichnung für die Schweiz ist, zu der ich seit der medialen Ausbildung bei Pascal Voggenhuber auch eine sehr innige Beziehung habe.

Der Traum war an dieser Stelle des Frühstücks zu Ende und ich bin dankbar und berührt davon aufgewacht.

Einen anderen Traum, der mich bis heute beschäftigt, möchte ich im Folgenden mit dir teilen. Dazu möchte ich vorwegschicken, dass mein Vater und meine Mutter zu Lebzeiten ein schwieriges Verhältnis hatten. Sie konnten weder mit noch ohne einander. Im Alltag stritten sie häufig, waren enttäuscht vom jeweils anderen und fühlten sich oft missverstanden. Ich habe das bisweilen nicht verstanden und sehr darunter gelitten. Als Kind schrie ich sie manchmal an, sie sollten sich doch besser trennen und jeder endlich glücklich werden, als zusammen immer unglücklich zu sein.

Es gab nur selten in Urlauben Momente, in denen ich die Liebe der beiden füreinander spüren konnte. Meist waren das Momente, in denen sie zusammen tanzten.

Auch kurz vor dem Tod meines Vaters war die Situation nicht besser, sondern verhärtete sich noch mehr. Erst jetzt spüre ich die Liebe, die sie anscheinend doch verbunden haben muss, wieder zwischen ihnen.

Doch nun zum Traum. Ich träumte, dass meine Eltern zusammen tanzten. Ich sah ihnen dabei zu und spürte in dem Moment eine Harmonie zwischen ihnen, die sie zu Lebzeiten nie hatten leben können. Ich beobachtete sie und fühlte einen Frieden in mir, als würde die Zeit stehen bleiben.

Als ich erwachte, hatte ich ein Lied im Kopf und googelte sofort den Text. Ich verstand, warum mein Vater mir genau dieses Lied geschickt hatte. Er wollte mir das Verhältnis von ihm und meiner Mutter aus seiner Sicht zeigen. Dieses Lied ist inzwischen zu einem meiner Lieblingssongs geworden. Hier kommt der Songtext:

Sanft ist unser Kampf

Wir zwei leb'n immer noch im Niemandsland.
Zwischen dem flüchten und dem Hand in Hand.
Zwischen dem »Laß mich geh'n« und »Bleib bei mir«,
es muß so bleib'n, wir können nichts dafür.

Sanft ist unser Kampf,
zwischen Herz und dem Verstand.
Jeder siegt und unterliegt,
hör'n wir auf zu kämpfen,
kann's vorbei sein.

Ich weiß genau ich kann net mit dir leb'n,
doch ich tät ohne dich zugrunde geh'n.
Du packst so oft im Geist die Koffer z'samm,
doch anstatt wegzufahren kommst du an.

Sanft ist unser Kampf,
zwischen Herz und dem Verstand.
Jeder siegt und unterliegt,
hör'n wir auf zu kämpfen,
kann's vorbei sein.

Ich denk mir oft wir sollten dankbar sein.
Für dieses »Halt mich fest« und »Laß mich frei«.
Für dieses »Geh doch fort«, »Komm bitte heim«,
weil wir nur dadurch noch beinander san.

Sanft ist unser Kampf,
zwischen Herz und dem Verstand.
Jeder siegt und unterliegt,
hör'n wir auf zu kämpfen,
kann's vorbei sein.
Sanft ist unser Kampf,
zwischen Herz und dem Verstand.

©Peter Cornelius

Sind Träume immer Zeichen von Verstorbenen?

Träume mit Zeichen von Verstorbenen fühlen sich anders an als normale Träume. Häufig erinnern wir uns nach solch einem Traum an ganz spezielle Details, Gerüche, Gedanken. Oftmals können wir auch im Traum den Traum und die Handlung beeinflussen.

Viele Verstorbene zeigen mir auch, dass ihre Angehörigen in den Träumen wissen, dass ihre Liebsten verstorben sind und dass sie jetzt im Traum eine kurze gemeinsame Zeit geschenkt bekommen.

Wenn du von deinem Verstorbenen träumen möchtest, bitte ihn in Gedanken darum, dir einen Traum in einer der folgenden Nächte zu schicken. Achte darauf, dass du beizeiten ins Bett gehst, dass du genug Schlaf bekommst und weder Medikamente noch Alkohol zu dir nimmst.

Viele Menschen können in der ersten Zeit nach dem Todesfall nicht von ihren Angehörigen träumen, da die eigene Seele sie schützt. Die Seele des Hinterbliebenen ist durch den Verlust in einem Ausnahmezustand, je plötzlicher der Tod kam, umso stärker ist dieser. Die Seele versucht, wieder Normalität und Sicherheit in den Alltag zu bringen, und häufig träumen die Hinterbliebenen im ersten Jahr (oder manchmal auch länger) so gut wie gar nicht. Die Trauer muss erst verarbeitet werden und ein Stück heilen, bevor die Seele uns zumutet, den Verstorbenen im Traum wiederzusehen.

Wenn wir schlechte Träume oder Alpträume haben, in denen der Verstorbene vorkommt, handelt es sich immer um einen Verarbeitungsprozess unserer Seele. Besonders bei gewaltvollen Todesfällen oder wenn wir generell viel mit Ängsten zu tun haben, bringt die eigene Seele in einen Traum mit einem Verstorbenen Dinge ein, die wir im Tagesbewusstsein nicht verarbeitet haben. So kommt es dann zum Beispiel, dass jemand träumt, der Verstorbene sage ihm, dass er leide, oder dass sich immer wieder Bilder des Unfalls im Traum zeigen. Das ist keine Botschaft vom Verstorbenen. Ihm geht es in der geistigen Welt immer gut. Er ist zwar im Traum real anwesend und ihr trefft euch als Seelen tatsächlich, doch bringt deine Seele selbstständig noch Verarbeitungselemente mit in den Traum ein.

Wenn das öfter passiert, frage dich, was du brauchst, um mit deinen Ängsten klarzukommen. Hole dir professionelle Hilfe bei einer Trauergruppe, einem Therapeuten oder einer Beratungsstelle. Oft genügt es, wenn man mit jemandem über die Ängste und Träume offen reden kann. Es kann auch helfen, alle Ängste aufzuschreiben oder ein Traumtagebuch zu führen.

Unsere Welt aus Sicht der geistigen Welt

Ich: Hallo Papa, ich habe dich heute beim Meeting in München sehr präsent bei mir gespürt. Hatte das einen speziellen Grund?

Papa: Ich begleite dich gerne. Ich finde es unglaublich spannend, was du alles machst, um unsere Dialoge, unsere Liebe in die Welt zu bringen.

Ich: Danke. So habe ich es noch gar nicht betrachtet. Wie schön, dass du das sagst.

Papa: Ja, so sehe ich es – und höre du auf, dein Licht unter den Scheffel zu stellen. Du brauchst keine Angst vor deinen Ideen und deinen Gefühlen zu haben. Du darfst dich von dieser Liebe, von diesem Wunder, das wir hier erleben, berühren lassen, darfst dich wirklich durchfluten lassen. Du willst doch geleitet werden. Dann darfst du nicht ständig so tun, als könntest du es kontrollieren. Es ist alles gut. Deine Zweifel nerven. Du hast solche Angst, vom Leben enttäuscht zu werden, wenn du nicht immer mit dem schlechtesten und schlimmsten rechnest.

Ich: Du hast recht. Danke. Ich übe mich darin. Wie siehst du denn unsere Welt?

Papa: Ich sehe sie als großen Spielplatz. Wenn man mal die Bewertung von Gut und Schlecht komplett rausnimmt, geht es um Menschen mit unterschiedlichen Strukturen und Seelenpuzzleteilen, die durch die Gegend laufen, mal planlos mal planvoller, von einer Erfahrung unweigerlich in die nächste stolpernd, bewusst und unbewusst, eine Sammlung von Tausenden Farben, Momenten, Gefühlen, Erinnerungen.

Stell dir vor, du siehst die Welt aus einer Entfernung von ein paar hundert Kilometern. Du kannst die einzelnen Menschen als kleine Ameisen noch erkennen, du siehst Schiffe und siehst Flugzeuge, aber erkennst schon lange keine Gesichter mehr. Stell dir nun vor, du kannst die Energien der Ameisen und die Lebenszyklen sehen, du siehst, wie ständig neue, kleine Ameisen auf ihrer Reise die Bildfläche auf der Erde betreten, wie sie laufen, rennen, von A nach B, wie ihre Energie mal stärker strahlt und mal schwächer.

Und du siehst Tausende und Abertausende kleine, durchsichtige Schnüre, die die kleinen Ameisen miteinander verbinden. Keine Ameise kann einen Schritt machen, ohne dass nicht viele andere den Zug an den unsichtbaren Schnüren spüren. Und selbst die kleine Ameise, die nur in ihrem Haus sitzt und nichts tut, leitet über ihre Schnüre elektrische Impulse zu den anderen Ameisen, die mit ihr verbunden sind.

Da diese Ameisen wiederum mit anderen verbunden sind, gibt sie somit auch an alle anderen Ameisen Impulse weiter, ob sie will oder nicht.

Faszinierendes Schauspiel oder? Ein Lichtermeer oder Farbenmeer – wie auch immer du es sehen willst. Ich könnte stundenlang zusehen.

Ich: Hm ... verstehe. Aber was würdest du aus diesem Blickwinkel uns Menschen raten? Und wo bist du als Seele in diesem Schauspiel?

Papa: Keep it simple. Alles, was du tust, hat Bedeutung und ist doch nicht wirklich wichtig!

Ich: Wie meinst du das denn?

Papa: Alles, was du tust, und jede Entscheidung beeinflussen dich und dein Umfeld. Mache dir daher jeden Tag bewusst, was du erleben willst, was dir guttut, wen du liebst, was dir Freude macht und tue es so oft es geht. Es gibt kein morgen! Daher tue es am besten sofort und bereue es nie!

Ich: Ich spüre deine Begeisterung, die Kraft in deinen Worten. Das berührt mich sehr.

Papa: Ja. Das Leben hat ganz viel mit Begeisterung, mit Leidenschaft zu tun. Du solltest Leidenschaft jeden Tag in deinem Leben spüren, egal ob mit deiner Arbeit, deinen Kindern, deinem Partner oder deinen eigenen Ideen. Wenn dich etwas nicht begeistert, lass es bleiben.

Ich: Was meinst du damit, dass es nicht wirklich wichtig ist, und mit ›keep it simple‹?

Papa: Alles ist nur so wichtig, wie du ihm die Bedeutung gibst, und alles ist endlich. Sterben werdet ihr alle. Daher ist nichts wirklich wichtig. Es gibt nichts, mit dem du dich stressen solltest. Halte dein Leben und vor allem deine Gedanken einfach. Ich habe mir zu Lebzeiten so viel Stress um Dinge gemacht, die jetzt gar keine Rolle mehr spielen.

Ich: Um was zum Beispiel?

Papa: Um Arbeit, um Eifersucht, um körperliche Gesundheit, um materielle Dinge, um Ängste, um Enttäuschungen. Es lohnt sich nicht, sich Sorgen zu machen. Es nimmt dir nur die Begeisterung.

Ich: Du weißt aber schon, dass es schwer ist als Mensch, sich keine Sorgen zu machen, oder?

Papa: Klar weiß ich das. Aber es lohnt sich nicht. Ich wiederhole mich, ich weiß. Aber du hast mich gefragt. Es geht ja nicht darum, die Sorgen zu verdrängen. Es geht darum, sie als Anzeiger für den aktuellen Stand der eigenen Themen zu sehen, zu ändern, was zu ändern ist, und den Rest sein zu lassen.

Ich: So einfach ist das.

Papa: Ja, so einfach. Keep it simple.

Ich: Danke. Und wer bist du als Seele in dem ganzen Schauspiel?

Papa: Ich bin der Wind, der zwischen den Ameisen umherstreift, ich bin die Blumen auf der Wiese, ich bin die Stimme in deinem Ohr, ich bin all das und keins von alledem.

Ich: Ich wusste noch gar nicht, dass du so philosophisch bist.

Papa: Ich entwickle mich hier ja auch weiter. Viele konkrete Themen sind nicht mehr so wichtig. Im Grunde bin ich Liebe in ihrer reinsten Form.

Ich: Warum interessieren dich dann noch so irdische Themen wie gestern das Haus, zu dem wir fahren sollten, da einiges nicht gut lief?

Papa: Weil ich Liebe bin ...

Ich verstehe. Meinen Vater interessierte das Haus nicht aus persönlichen Gründen, weil es ihm wichtig war oder weil wir uns darum kümmern sollten. Ihn interessierte es, weil er Liebe ist, das heißt, weil er wusste, dass das Haus für uns noch wichtig ist, als Altersvorsorge, zur Verarbeitung der Erinnerungen.

Und weil er Liebe ist, ist er mit uns verbunden und möchte, dass es uns gut geht. Deshalb schickte er uns zum Haus und sorgte dafür, dass wir Dinge reparieren konnten und uns darum kümmerten, dass das Haus wieder in Ordnung kam.

BLICKWINKEL ANDERER SEELEN

Ich stelle jedes Jahr in meiner Praxis Jenseitskontakte zu mehr als 300 Seelen her und durfte über die Jahre viele verschiedene Persönlichkeiten in der geistigen Welt kennenlernen.

Auch wenn sich die Aussagen wiederholen und die Botschaften oft ähnlich sind, unterscheiden sich die Blickwinkel der einzelnen Seelen auf unsere Welt.

Ich konnte viel von ihnen lernen. Und im Folgenden möchte ich ein paar Ansichten anderer Seelen zu unserer Welt mit dir teilen:

>>Ich hatte unglaublich viel Spaß auf dieser Welt. Dieser Ort ist ein Ort zum Ausprobieren. Du glaubst gar nicht, was ich alles ausprobiert habe. Man konnte mich nie festhalten. Ich wollte schon als Kleinkind nicht schlafen, weil ich spürte, dass ich in kürzester Zeit ganz viel erleben musste, weil ich nicht lange bleiben konnte. Ich habe alles anfassen und begreifen müssen und hatte so viel Spaß mit meiner Familie und meinen Freunden. Diese Reise war großartig. Habt auch ihr so viel Spaß wie möglich, denn darum geht es doch.<<
Junge in der geistigen Welt, der 8 Jahre wurde

»Ich durfte lernen, wie wichtig die Liebe ist. Ich hatte immer Probleme damit, Liebe zu geben oder anzunehmen. Ich wollte alles kontrollieren und die Liebe hat mir Angst gemacht. Als ich krank wurde, konnte ich die Liebe meiner Familie zum ersten Mal annehmen. Das war mein Lebenssinn. Das zu begreifen, hat alles erklärt. Ich spürte endlich, wer ich war. Dieses Leben war Liebe. Jedes Leben ist Liebe, das ist das, was zählt.«

Vater in der geistigen Welt, 65 Jahre

»Ich habe viele Jahre Alzheimer gehabt und habe alles vergessen, was mein Leben vor der Krankheit ausgemacht hat. Vor der Erkrankung war ich sehr perfektionistisch. Ich glaubte, dass ich für alles verantwortlich sei und alles richtig machen müsse. Ich hatte Ängste und Zwangsgedanken und zog mich von meinen Freunden und meiner Familie zurück. Erst in der Krankheit konnte ich diese Ängste und Zwänge loslassen, ich habe sie schlicht und einfach vergessen. Mein Weg war es wohl, vergessen zu müssen, um wieder ein wenig Freude in meinem Leben zu spüren. Wenn ich etwas weitergeben könnte, wäre es, dass wir aufhören sollten, uns mit unseren Gedanken und Ängsten zu identifizieren. Das Leben ist so viel mehr als das, was wir denken"

Frau in der geistigen Welt, 78 Jahre

»Für mich ist der Sinn des Lebens, über seine Grenzen zu gehen, so weit zu gehen, wie man es sich nie hätte erträumen können. Für mich war das Reisen das, was mein Leben erfüllt und mir gezeigt hat, dass Leben kostbar ist. Das ist der Sinn. Deinen Zugang zu diesem Gefühl zu finden. Spüren, dass du lebst – mit allen Höhen und Tiefen.«
Sohn in der geistigen Welt, 28 Jahre

»Mein Leben war reich an Gefühlen. Das ist es, was zählt. Nicht, ob ich zur Welt kommen durfte oder nicht. Und auch nicht der Zeitraum, wie lange mein Herz geschlagen hat. Einzig und allein zählt die Liebe, die ich spüren durfte. Ich war gewollt! Meine Eltern haben sich auf mich gefreut. Das war so viel. Und ich bin immer noch ein Teil von dieser Liebe und dieser Familie. Ich spüre die Liebe jeden einzelnen Tag. Ist das nicht wundervoll?«
Sternenkind, das im Mutterleib vor der Geburt gestorben ist

Der Weg der Seele

Ich: Hallo, Papa, kannst du mir erklären, wie das mit dem Weg
         der Seele durch die Inkarnationen funktioniert? Wie ist es
         aus deinem Blickwinkel?

Papa: Am Anfang, als ich in die geistige Welt zurückgekehrt
         bin, war es ist nicht so wichtig. Es ist ähnlich wie bei euch.
         Im Augenblick zählt nur das gelebte Leben. Ich habe mir
         angesehen, warum ich so früh gestorben bin, warum ich
         manche Dinge nicht mehr erleben konnte und warum ich
         krank wurde. Dann lösten sich diese Themen auf.

         Danach habe ich mir die Beziehungsebenen angesehen.
         Ich sah plötzlich deutlich, warum ich so war, wie ich war,
         welche Strukturen in meiner Familie damals dazu führ-
         ten, dass ich Nähe schlecht zulassen konnte. Ich sah mich
         selbst als Kind und auch meine Eltern in ihrer Kindheit.
         Ich konnte sozusagen in verschiedene Epochen reisen,
         die wichtig für die Erkenntnis waren. Ich verstand die
         Zusammenhänge.

         Dann löste sich auch diese Schicht, wie bei einer Zwiebel,
         ab und ich war ein Stück freier. So habe ich nach und nach
         mein gelebtes Leben hinter mir lassen können. Und ja, so
         wie du es immer sagst, so ist es: Die schönen Erinnerun-
         gen bleiben, die trägt man immer im Herzen wie kleine
         kostbare Steine bei sich. So eine Art Seelensteine. Und

stell dir vor, jede Seele hat diese Seelensteine. Jeder Beutel ist gleich groß und hat die gleich kostbare Fülle. Bei manchen Seelen besteht diese Fülle aus zig kleinen Steinen, also Erinnerungen, bei manchen Seelen nur aus einem großen Stein. Es macht keinen Unterschied, wie lange man auf der Erde war. Auch wenn ich es sehr schön finde, dass ich, wenn ich den Beutel öffne, aus tausend Erinnerungssteinen auswählen kann, so ist es letzten Endes nicht wichtig. Auch eine Seele, die nur einen Tag inkarniert war, kann den Beutel öffnen und dasselbe kostbare Glück empfinden bei dem einen Erinnerungsstein

Ich: Das ist faszinierend. Wir sagen immer, es ist wichtig, möglichst viele Erinnerungen zu erschaffen. Ist es dann eigentlich nicht überflüssig?

Papa: Ja und nein. Es kommt darauf an, aus welchem Blickwinkel du es betrachtest. Aus dem Blickwinkel der Seele, die zurückgeht, ist es irrelevant, ob man nur einen Stein im Beutel hat oder tausend. Aber aus dem Blickwinkel der Hinterbliebenen nicht.

Wenn ihr noch viele gemeinsame tolle Erinnerungen mit deiner Mama erschafft und ich sie dann irgendwann abhole, tragt ihr viele kostbare Momente mit euch und gebt sie als Prägungen an eure Kinder weiter. Das verändert euer aller Leben und schafft Verbindungen und gute Energie. Und auch deine Mama ist, solange sie bei euch ist, glücklicher, da diese Momente ihre Seele zu Lebzeiten nähren. Wenn sie bei mir ist, ist es nicht mehr so wichtig, aber schön ist es natürlich trotzdem, wenn man viele Erinnerungen mitnimmt. Verstehst du den Unterschied?

Ich: Ja, ich glaube schon. Gar nicht so einfach.

Papa: Ja. Dir muss immer klar sein, aus welchem Blickwinkel du fragst.

Ich: Warum sagen dann manche Verstorbene im Jenseitskontakt zu ihren Hinterbliebenen, dass sie es im Nachhinein bereuen, ihr Leben nicht mehr genossen zu haben oder noch dies oder das erlebt zu haben?

Papa: Zum einen, weil man in der geistigen Welt ganz klar realisiert, aus welchen Beweggründen man wie gehandelt hat und dass manche Handlungsweisen nicht sinnvoll waren. Man erkennt, dass man manchmal die falschen Entscheidungen getroffen hat, und das tut uns leid. Aber wir hören ja auch, worüber ihr euch unterhaltet, womit ihr im Nachhinein Probleme habt, womit ihr hadert. Dann erzählen das die Verstorbenen auch, um ihren Liebsten zu sagen, dass sie recht haben. Denn oft ist es doch so, dass die Klienten zutiefst berührt sind, wenn du diese Botschaften durchgibst, oder?

Ich: Ja, so ist es.

Papa: Das ist, weil der Klient spürt, dass der Verstorbene seine tiefsten Wünsche und Gedanken kennt. Das ist Heilung.

Ich: Jetzt sind wir aber vom eigentlichen Thema abgekommen. Was ist mit dem Weg der Seele?

Papa: Stimmt. Wenn die Zwiebelschichten gelöst sind – was unterschiedlich lange dauert –, geht es uns nicht mehr so sehr um das vergangene Leben. Wir sind noch immer genauso verbunden mit unseren Hinterbliebenen und den Liebsten in der geistigen Welt. Aber es muss keine Aussöhnung mehr mit den Themen geschehen.

Jetzt ist meine Seele vielmehr beschäftigt damit, Licht zu sein. Es fühlt sich an, als ob sich ein großer Kreis schließt und etwas vervollkommnet wird, auch wenn sich nichts ändert. Es wachsen alte und neue Seelenanteile aus vielen, vielen Inkarnationen zusammen und ergeben ein großes Gesamtkunstwerk. Ich löse mich nicht auf, bitte nicht falsch verstehen. Ich kann es dir gar nicht wirklich erklären. Es ist eher wie ein Entdecken, aus wie vielen Milliarden Teilen ich noch bestehe. Dabei sind die einzelnen Leben nicht wirklich wichtig. Es ist wie das Meer. Jeder einzelne Wassertropfen als einzelner ist zwar nicht wichtig, und doch wäre das Meer nicht mehr dasselbe ohne ihn. Also jeder einzelne Wassertropfen macht das Meer erst vollständig.

Ich: Und was ist mit deiner nächsten Inkarnation? Wie siehst du das? Planst du diese mit?

Papa: Ja und nein. Ich weiß, dass du das nicht magst. Jede eurer Fragen birgt ein Ja und ein Nein für mich. Bei dieser Frage ist die Antwort Nein, weil ich die nächste Inkarnation nicht plane. Und die Antwort ist auch Ja, weil ich darüber informiert bin. Allerdings anders, als du wahrscheinlich denkst.

Denke an deine Erfahrungen mit Rückführungen. Du hast Ausschnitte aus anderen Leben gesehen, genau die, die dir für das aktuelle Thema, deine damaligen Fragen, die Antworten geliefert haben. Es waren immer nur Ausschnitte aus einzelnen Leben. An sich nicht wichtig, aber immer mit einer Erkenntnis für dich. Und auch wenn du immer nur einen kleinen Ausschnitt des jeweiligen Lebens betrachten konntest, blieb ein Gefühl bei dir zurück, dich an das Leben zu erinnern bzw. dass es sich vertraut anfühlte – egal, ob das Leben gut oder nicht so gut verlief.

So ist es für mich auch mit den Inkarnationen. Ich kenne sie und kenne sie doch nicht. Ich sehe Ausschnitte, wenn es mich interessiert und einen Teil meiner Seele weiterbringt. Im Grunde geht alles um Erkenntnis. Das, was ihr Seelenalter oder auch Entwicklung der Seele nennt, ist nichts weiter als Erkenntnis zu erlangen über die Zusammenhänge, Vollständigkeit im Erleben dessen, was immer da war. Wir sind ja alle in uns vollständig und doch fühlen wir uns immer abhängig, unvollständig, auf der Suche und nicht angekommen. Die verschiedenen Inkarnationen dienen dem Begreifen der Vollständigkeit.

Ich: Also doch ein Entwicklungsprozess?

Papa: Eher ein Erkenntnisprozess bzw. ein Erinnerungsprozess. Auch eine Erkenntnis eines schrecklichen Lebens voll Leid und Hass kann Licht sein. Verstehst du?

Ich: Ja. Meinst du, wenn man erkennt, dass man selbst trotz vieler schlimmer Erlebnisse als Seele Licht ist?

Papa: Genau. Auch wenn Menschen sich vielleicht zu Lebzeiten für die Dunkelheit – also Schmerz, Leid, Hass – entscheiden, erleben sie auf der anderen Seite Licht und Liebe und erkennen, dass sie nicht wirklich die Dunkelheit sind. Aber Dunkelheit entsteht, wenn man nicht erkennt, dass man Licht ist.

Ich: Aber existiert das Licht nicht sowieso erst durch die Dunkelheit?

Papa: Hast du bei deinem Nahtoderlebnis irgendwo Dunkelheit gesehen?

Ich: Nein. Wo war die Dunkelheit da?

Papa: Die hast du auf der Erde zurückgelassen. In der menschlichen Welt existiert Licht durch Dunkelheit, da die Gesetze auf Dualität beruhen.

Ich: Wer hat sich das ausgedacht, wenn es das in der geistigen Welt, der Seelenwelt, anscheinend nicht gibt?

Papa: Denk an das Bild der Reise: Du lebst in einem Land, in dem bestimmte Bedingungen herrschen. Das ist auf die Dauer ziemlich langweilig. Daher beschließt du, zu verreisen und deinen Horizont zu erweitern. Du möchtest in ein Land fliegen, in dem andere Bedingungen herrschen, auch wenn es dort vielleicht anstrengend und gefährlich sein könnte. Das Tolle ist, du weißt, dass dir nicht wirklich etwas passieren kann, weil du immer wieder nach Hause zurückkommen kannst. Du suchst dir ein spannendes Land aus, auch wenn dich manche schon davor ge-

warnt haben, da es dort schlechte Dinge und böse Menschen gibt.

Ich: Also gibt es verschiedene Welten mit unterschiedlichen
      Bedingungen?

Papa: Definitiv.

Reinkarnation

Ich nehme die Seele wahr als Seelenaspekte, die viele verschiedene Erdenleben hatten und haben. Wenn ein Mensch geboren
wird, hat die Seele vorab entschieden, welche Lebensaufgabe
sie diesmal erleben möchte und welche Menschen dazu nötig
sind.

Wenn wir als Menschen anderen Menschen begegnen, erkennen wir oftmals, dass uns mit ihnen etwas verbindet. Manchmal
haben wir das Gefühl, dass es ein Thema ist, das wir gemeinsam
haben. In diesem Fall haben wir in diesem Leben eine gemeinsame Aufgabe. Manchmal handelt es sich um eine kleine und
zeitlich kurze Aufgabe wie eine Bekanntschaft, aus der man zum
Beispiel lernt, Grenzen zu setzen. Man streitet sich ständig und
fühlt sich oft hintergangen. Dann lernt man, sich abzugrenzen
und Nein zu sagen, und schon wird die Bekanntschaft überflüssig, da man die Aufgabe gelernt hat. In der Folge verliert man
den Kontakt zueinander. Es gibt aber auch Menschen, denen
man begegnet und man spürt die tiefe Verbindung, die nicht von
dieser Welt scheint.

Als ich 2002 meinen jetzigen Mann kennenlernte, spürte ich, dass ich ihn schon viele Leben lang kenne, und ich wusste sofort, dass wir zusammengehören. Ich wusste, unsere Aufgabe ist es, eine Familie zu gründen und uns gegenseitig beim Wachsen zu unterstützen.

Aber auch zu meinem Exfreund empfinde ich eine tiefe Bindung. Als ich ihn kennenlernte, hatte ich das Gefühl, etwas Verlorenes wiedergefunden zu haben. Umso trauriger war ich, als ich merkte, dass eine Beziehung zwischen uns nicht funktionieren würde. Wir haben uns viel gestritten. Eifersucht und Kontrolle standen im Vordergrund, obwohl wir beide uns nach Harmonie sehnten. Nachdem unsere Beziehung zerbrochen war, wollte er keinen Kontakt mehr zu mir. Ich habe viele Jahre unter seiner Entscheidung gelitten, obwohl ich glücklich verheiratet war. Erst als ich bei einer Trancemeditation das Warum erkannte, konnte es heilen.

Bei der Meditation sah ich Bilder aus einem anderen Leben. Ich erkannte meinen Exfreund, der dort mein kleiner Bruder war. In diesem Leben verschwand mein Bruder spurlos und ich gab mir die Schuld, ihn nicht beschützt zu haben. Genau dieses Gefühl von Schuld und Sehnsucht nach meinem Bruder ist es, was ich auch jetzt noch für meinen Exfreund empfinde. Das Gefühl des Getrenntseins ist zwar geblieben, aber seit ich den Zusammenhang verstanden habe, kann ich die Schuldgefühle loslassen und weiß auch, dass wir das Thema spätestens in der geistigen Welt klären können.

Aber nicht mit jedem Menschen verbinden uns viele Leben. Ich habe meinen Vater nach seinem Tod gefragt, ob er mit meiner Mutter schon mehrere Leben hatte. Er antwortete mit Nein. Ich war zuerst verwirrt, da ich zu dem Zeitpunkt dachte, man habe mit allen nahestehenden Menschen mehrere Leben gemeinsam gehabt. Dann aber habe ich es akzeptiert, als er bei seiner Meinung blieb. Ich habe mich viele Monate nicht getraut, meine Mutter darauf anzusprechen, da ich die Aussage meines Vaters traurig fand. Monate später sprach ich mit meiner Mutter zufällig über Reinkarnation und sie meinte plötzlich: »Dieses Leben war das erste, das ich mit deinem Vater hatte.«

Ich war sehr überrascht und fragte sie, woher sie das wisse. Sie erzählte, dass sie früher einige Rückführungen gemacht habe und nie meinem Vater begegnet sei. Sie wisse auch vom Gefühl her, dass dies das erste gemeinsame Leben gewesen sei.

Es war sehr spannend für mich zu sehen, wie unwichtig es auf der einen Seite ist, ob man sich aus anderen Leben her kennt, und wie klar meine Eltern dies beide wussten.

Lebenssinn und Motivation

Ich: Guten Morgen, Papa. Ich denke gerade über ein Thema nach. Ist die Motivation etwas anderes als das Lebensthema?

Papa: Ja. Deine Grundmotivation ist es, Heilung in die Welt zu bringen, für dich und für andere. Bei deiner Mama ist Liebe die Motivation für vieles, das sie macht. Meine Motivation war Fortschritt. Ich wollte mich nie damit zufriedengeben, wie es war.

Das Lebensthema bei mir war aber Demut und Erkennen meiner eigenen Grenzen. Dein Lebensthema hat viel mit

Hingabe an diese Welt zu tun und das deiner Mutter hat mit Selbstannahme und Selbstliebe. Verstehst du den Unterschied?

Ich: Ja, verstehe. Die Motivation ist das, was hinter jeder Handlung stehen sollte oder warum wir morgens aufstehen. Der Lebenssinn oder das Lebensthema ist ein Lernprozess, ist etwas, das wir durch positive und negative Erfahrungen verstehen und begreifen, oder?

Papa: Ja, das stimmt.

Ich: So schön, du schickst mir gerade Motorräder. Ich liebe das Geräusch. Ich habe die ganze Woche hier kein Motorrad gesehen und jetzt fährt laut röhrend eine ganze Gruppe Motorradfahrer an mir vorbei.

Papa: Das mache ich besonders, wenn du nicht damit rechnest. So wie die Hummel gerade, die nur bei dir war. Sie symbolisiert das Unmögliche, was doch wahr ist. Denn Hummeln sind ein Wunder der Natur.

Ich: Danke für deine Zeichen. Wann sind die Zeichen von dir und wann von meinem Geistführer Paul?

Papa: Wir helfen uns gegenseitig, dir Zeichen zu schicken. Paul ist eigentlich für deinen Lebensweg zuständig und schickt dir mehr Zeichen zu deinem Beruf, deinen Aufgaben und deiner Entwicklung. Meine Zeichen betreffen eher die Familie, Dinge, die mich früher interessiert haben, und Finanzen. Aber meist sind wir zusammen da, wenn du ein Zeichen wahrnimmst, da es so leichter für uns ist. Wir wissen, wir haben dann die doppelten Chancen, deine Aufmerksamkeit zu bekommen. Und uns ist es egal, von wem du die Zeichen wahrnimmst.

Ich: Was ist eigentlich mit deinem Geistführer? Mischt der dann auch noch mit?

Papa: Der ist nicht mehr so präsent. Das braucht er nicht mehr, denn ich lebe ja nicht mehr.

Ich: Hat man denn nur einen Geistführer, wenn man auf der Welt inkarniert ist?

Papa: Im Grunde schon. Mein Geistführer hat mich zwar als Seele auch abgeholt und hat mir die geistige Welt gezeigt, aber jetzt braucht er nicht mehr so häufig für mich da zu sein, weil ich alles von damals verstanden habe. Er begleitet neue Seelenanteile von mir bei ihren Inkarnationen.

Ich: Meinst du, es ist so, wie es in vielen Büchern geschrieben steht? Dass viele verschiedene Seelenaspekte einer Ursprungsseele inkarnieren und nicht ich, als Nina, wiedergeboren werde in einem anderen Körper?

Papa: Ja, genau. Nach mir sind schon weitere Seelenaspekte inkarniert.

Ich: Waren denn mit dir gemeinsam auch andere Seelenaspekte deiner eigenen Seele inkarniert?

Papa: Nein, nicht so, wie du es annimmst. Denke einmal an das

Universum mit den vielen Sternen und Sterngruppen und stell dir vor, dass jeweils im selben Abstand eine Sternengruppe steht. Diese Sternengruppe kannst du dir von der Frequenz etwa wie die Milchstraße vorstellen – eine Ansammlung von vielen einzelnen Sternen, die zusammen ein Ganzes ergeben.

So ist die Seele eine Ansammlung vieler einzelner Aspekte, einzelner gelebter Leben, einzelner Charaktere, die zusammen eine Seele ergeben. Von diesen Ansammlungen gibt es viele. Manche Ansammlungen, manche Galaxien, sind weiter voneinander entfernt, manche näher. Manche berühren sich, andere nicht. Und doch spielt im Universum Zeit und Raum keine Rolle mehr. So auch bei den Seelen.

Jedes einzelne Leben, jede Inkarnation, vervollkommnet die Seele. Die einzelnen Seelenaspekte stehen in Verbindung zu anderen Seelenaspekten anderer Seelen, manche fühlen sich vertrauter an und andere nicht. Und doch sind alle aus demselben ›Material‹ gemacht.

Wenn wir einen Menschen in einem Leben treffen, kann es sein, dass er sich sehr vertraut anfühlt, da seine Seelengruppe, quasi seine Galaxie, genau neben unserer ist und wir eine Art Seelenverbindung spüren. Dann haben wir in der Welt meist auch eine Aufgabe zusammen zu bewältigen, ob es sich nun um eine Liebesaufgabe, eine Vergebungsaufgabe, eine Wachstumsaufgabe oder eine sonstige Aufgabe handelt.

Und dann gibt es wiederum Menschen, die wir treffen und es fühlt sich wie Lichtjahre Entfernung an. Es ist genauso, wie es im deutschen Sprachgebrauch heißt. In diesem Fall ist dessen Seelengalaxie nicht primär mit unserer verbunden bzw. sein Seelenaspekt befindet sich in seiner Galaxie auf der anderen Seite von unserem Aspekt und es gibt keine Berührung, keine Überschneidung, keine Aufgabe.

Denkfehler

Ich höre leider häufig in der Praxis folgende Sätze im Umgang mit der Trauer – ich möchte sie als ›Denkfehler‹ bezeichnen:

1. Denkfehler ›Blockieren‹

»Ich möchte meine Trauer abstellen, denn ich blockiere doch meinen Verstorbenen durch meine Trauer. Die leiden sonst, wenn sie sehen, wie traurig wir hier sind. Darf ich wirklich täglich eine Kerze für meinen Vater anzünden? Ich will ihn nicht daran hindern, ins Licht zu gehen.«

Wir können die Verstorbenen weder festhalten noch blockieren. Sie sind 100 % reine Energie und Energie kann man nicht festhalten. Unmittelbar in dem Augenblick, in dem sie ihren physischen Körper verlassen, als Seelen in der geistigen Welt. Es gibt aus meiner Erfahrung weder eine Zwischenwelt noch erdgebundene Seelen. Die geistige Welt ist hier bei uns als Energieform präsent. Natürlich sehen die Verstorbenen es lieber, dass es den Hinterbliebenen gut geht und sie Freude am Leben haben, aber sie leiden nicht wirklich, wenn wir trauern, denn sie

wissen, dass ein Verlust Trauer auslöst und dass der Trauerprozess wichtig ist. Sie begleiten uns in diesem Prozess und helfen
uns zu heilen.

2. Denkfehler ›Raum und Zeit‹

*»Wenn ich ständig um Zeichen bitte, kann mein Vater doch gar
nicht seine Entwicklung in der geistigen Welt machen, sondern
muss immer bei mir sein.«*

Es gibt in der geistigen Welt keinen Raum und keine Zeit, so
wie bei uns in der diesseitigen Sphäre. Der Verstorbene kann
seine Entwicklung in der geistigen Welt machen und trotzdem
gleichzeitig bei uns sein und uns begleiten. Auch hier gilt: wir
können ihn nicht behindern. Er ist frei, selbst zu entscheiden.

Auch spürt der Verstorbene die Trennung nicht als Trennung,
weil die Zeit für ihn keine Rolle spielt. Für ihn ist es ein Finger-
schnipsen und alle sind wieder in der geistigen Welt vereint. Für
ihn macht es keinen Unterschied, ob das morgen oder in 50 Jahren ist. Er weiß, dass es nur eine kleine Reise ist und dass dann
alle sich in der wahren Heimat begegnen.

3. Denkfehler ›Trauerverarbeitung‹

*»Wenn ich ständig Übungen mit meinem Verstorbenen mache
und mit ihm rede, kann ich meine Trauer gar nicht verarbeiten.
Ich muss ihn doch loslassen.«*

Viele Psychologen meinen, es sei schädlich, weiterhin mit
dem Verstorbenen zu reden und ihn in den Alltag einzubinden,
weil man sich vormache, dass er noch weiterlebe. Schließlich ist
die Seele des Verstorbenen auch noch weiterhin da, man kann sie
spüren. Und auf diese Weise bekommt der Verstorbene alles mit,

was wir tun, denken und sagen. Weshalb also sollte man nicht mit ihm sprechen, ihn um Rat fragen und im Alltag mit ihm Zeit verbringen? Nur weil er keinen Körper mehr hat? Ich finde das absurd. Nur weil mein Vater gestorben ist, kann ich doch auch weiterhin täglich mit ihm kommunizieren, so wie ich es zuvor auch 33 Jahre lang getan habe.

Das oben Gesagte gilt jedoch nicht uneingeschränkt. Wenn Menschen nämlich komplett ignorieren, dass die Person als physischer Körper gestorben ist, und zum Beispiel weiterhin für sie einkaufen, kochen, den Tisch decken usw., dann ignorieren sie die Realität. Natürlich soll man nicht so tun, als sei nichts geschehen. Ich sage nur, dass die Kommunikation und der Kontakt nicht durch den Tod abreißen müssen.

Alles ist Energie

Wenn ich in den Raum sehe, sehe ich nicht die Möbel, die in ihm stehen. Ich sehe Strukturen im Raum, ich sehe Flimmern, sehe Sterne, Rauten, Dreiecke, sehe Lichter und Formen, die sich vor meinem Auge in genauen Abfolgen bewegen. Ich sehe eine perfekte harmonische Ordnung und Struktur, die ich nicht zu beurteilen oder bewerten vermag.

Ich sehe die Zeit und den Raum und weiß, dass es eine Illusion ist. Als seien überall Zeitlücken, Zeitfenster oder Schlupflöcher, durch die man in der Zeit verrücken kann. Ich glaube, dass etwas Derartiges bei einem Déjà-vu geschieht: Man fällt einfach durch die Struktur und erhält einen anderen Blickwinkel. Früher ging es mir schlecht damit, diese Welt nicht wirklich begreifen zu können. Auf der einen Seite fühlte ich in der Stille eine perfekte Harmonie, einen Gleichklang, den nichts und niemand stören konnte. Auf der anderen Seite hörte ich im Fernsehen von Krieg und Mord, sah Zerstörung und Leid. Mich hat das in eine große Sinnkrise gebracht. Aber die geistige Welt hat mir immer wieder versucht, einen anderen Blickwinkel auf die Themen zu geben, und zwar, indem ich rausgehe aus der Bewertung ›das eine ist schrecklich, das andere ist gut‹ und die Dinge und Situationen aus einem übergeordneten Sichtfeld sehe. Was ist, wenn der Tod nichts Schreckliches, sondern eine Belohnung, eine Erfüllung ist? Oder was ist, wenn es nur ein Ändern der Blickrichtung ist, wenn sich nichts groß verändert, sondern man nur einen anderen Standort einnimmt?

Wenn man davon ausgehen würde, wäre das Leid auf dieser Welt nur relativ, überwindbar, kurzweilig.

Wer bestimmt, was schlecht und was gut ist? Wer bestimmt, was richtig und was falsch ist? Wer bestimmt, was der Anfang und was das Ende ist?

Die Verbindung zur geistigen Welt besteht dauerhaft. Alles ist Energie. Auch unsere Seelen bestehen zu 100 % aus reiner Energie. Immer wenn wir schlafen, meditieren oder wenn irgendwann unser Körper stirbt, ist unsere Seele frei, sich mit anderen Seelen zu treffen und sich selbst als vollkommen wahrnehmen zu können.

Es gibt einen Raum in uns, den wir betreten und auch wieder verlassen können. Dieser Raum ist ein Zustand, in dem kein Ego, kein Körper und keine Zeit existieren. Dort sind wir Seele und können Kontakt aufnehmen zu anderen Seelen in dieser wie in der geistigen Welt. Und mehr noch: Wir alle kommen in diesem Urzustand auf die Welt. Wenn man Babys ansieht, merkt man

manchmal, dass sie sich noch die meiste Zeit in diesem Urzustand, dieser Verbindung zur geistigen Welt befinden. Anhand
der Frequenzmessung der Gehirnwellen ist dies physikalisch
messbar. In diesem Zustand befinden wir uns auf einer Alpha-
bis Thetawellen-Frequenz. Wir fühlen uns dann entspannter,
vergessen Raum und Zeit und nehmen auch die geistige Welt
präsenter wahr.

Wenn ich längere Zeit nicht diesen Raum gewählt habe, wird
mein Körper oft krank. Diese Krankheit fungiert wie ein Schutz
für meine Seele. Meine Seele holt mich zu mir selbst zurück, und
zwar dadurch, dass ich dann nicht mehr die Kraft habe zu bewerten. Der Schleier dieser Welt, der aus Ansprüchen, Mustern aus
der Kindheit, Glaubenssätzen, Anforderungen anderer Menschen und eigenen Bewertungen besteht, existiert in diesem
Raum nicht. Es ist sozusagen ein Heilungsraum, den wir alle in
uns tragen. Auch bei jedem Jenseitskontakt betrete ich diesen
Raum. Von einem Augenblick auf den anderen vergesse ich alle
Sorgen. Die Verstorbenen zeigen mir viel Licht und Leichtigkeit. Der Frieden stellt sich sofort in meinem Inneren ein.

Wir haben alle mehrere Räume in uns, die wir bewusst und
auch oft unbewusst nutzen. Mache dir bewusst, dass du jeden
Tag automatisch verschiedene Räume in dir nutzt. Vielleicht bist
du im Alltag sehr organisiert und planvoll. Dann nutzt du den
Raum der erwachsenen, strukturierten Person, den du vielleicht
von deiner Mutter gelehrt bekommen oder dir selbst erbaut hast.

Wenn du nach Hause kommst und abends mit deinen Kindern
Spiele spielst und herzhaft lachst, gehst du eventuell in den
Raum der kindlichen Leichtigkeit, den du selbst als Kind schon
geliebt hast. Angenommen dir wird dann unrecht getan und du
wirst wütend, dann handelst du augenblicklich aus dem Raum
des verletzten, neidischen inneren Kindes heraus, das Verletzun-

gen mit sich herumträgt, die noch nicht geheilt sind. Und wenn du kurz vor dem Einschlafen an deine Liebsten nebenan, in der geistigen Welt, denkst, gehst du in den Seelenraum, in dem auch du nicht mehr Körper, Muster und Gedanken bist, sondern reine Seele, reine Liebe, und spürst die Präsenz der geistigen Welt.

Papa: Natürlich sehen wir uns wieder. Aber weißt du was? Es geht nicht darum. Du darfst nicht darauf warten, dass wir uns wiedersehen, sondern darfst mich jetzt bei dir wissen. Ich bin hier, du bist hier. Wir ›sehen‹ uns gerade wieder.

Ich: Ich finde das schwer zu begreifen, aber durch alles, was du mir in den Dialogen erzählt hast, verstehe ich, wie du es meinst. Ich weiß es inzwischen auch zu schätzen, wie präsent du noch in meinem Leben bist, wie viel Zeit wir zusammen verbringen und dass du dich in meine Gedanken schleichst. Holst du mich trotzdem irgendwann ab, wenn mein Körper aufhört zu existieren?

Papa: Definitiv, du hast jedoch noch Aufgaben zu erledigen auf dieser Welt. Aber irgendwann gehst du einen Schritt zur Seite und stehst bei mir und ich werde da sein. Wie schon gesagt: Sterben ist kein großes Ding. Für mich war es nur ein Einen-Schritt-zur-Seite-Gehen.

Es ist nichts Schweres, nichts Anstrengendes. Plötzlich stand ich einfach neben mir. Auch wenn es sich jetzt vom Bewusstsein anders anfühlt. Ich verstehe, warum manche Dinge geschehen sind, und ich habe einen Überblick über vieles. Aber als Mensch ist es schwer zu begreifen. Du bist aber auch Seele, genauso wie ich.

Ich: Gestern, als wir essen waren, hatte ich plötzlich das Gefühl, als wärst du dabei gewesen und als hätte ich kurz
vergessen, dass du tot bist. Es war so seltsam, als wäre ich
kurze Zeit ›ohne Bewusstsein‹ gewesen. Was ist da passiert?

Papa: Du warst für eine Sekunde zwischen den Welten, du warst
bei mir. Es ist real, dass ich nicht tot – im Sinne von weg –
bin.

Auch die Momente, in denen du denkst ›ach, das muss ich
unbedingt Papa erzählen‹ und dir dann wieder einfällt,
dass ich verstorben bin, sind immer noch genauso oft da
wie direkt nach meinem Tod. Das ist nicht so, weil du es
nicht begreifen kannst, sondern weil ich so real bei dir
bin, dass du für einzelne Sekunden die Welten wechselst.
Egal wie oft du noch zweifeln möchtest, mir ist eines wichtig: Unsere Liebe, unser Kontakt, ist echt, vergiss das
bitte nie!

Zeit und Raum

Auf meiner Deutschlandtour habe ich viele Jenseitskontakte
hergestellt. Einer ist mir besonders im Gedächtnis geblieben.
    Ein Opa war da und gab mir zu verstehen, dass er sich für
seine Enkelin sehr verantwortlich gefühlt hat. Sie war für ihn
wie eine Tochter und er hat jeden Tag viel Zeit mit ihr verbracht.

Er zeigte mir seinen Garten und seine Werkstatt und dass er immer alles repariert hat. Er hatte ihr ein Fahrrad geschenkt und ihr das Fahren beigebracht. Er zeigte mir, dass er zwar schon über 70 Jahre alt gewesen war, sich aber immer fit und gesund gefühlt hatte.

Er sagte, sein Tod sei sehr überraschend gekommen. Sein Herz habe einfach aufgehört zu schlagen. Er hatte sich immer einen solchen Tod gewünscht und auch wenn es für alle Angehörigen schwer war, weil sie sich nicht wirklich verabschieden konnten, war es für ihn gut so. Er gab mir noch viele Beweise und Details durch.

Gegen Ende der Sitzung zeigte er mir, dass er ein Baby, einen kleinen Jungen, auf dem Arm hält und sich sehr darüber freut. Da bisher alles richtig war, sagte ich direkt zur Enkelin, dass der Opa sich über ihren kleinen Sohn freut. Sie sah mich sehr verwundert an und meinte, sie habe keine Kinder. Ich entschuldigte mich und wir beendeten nach ein paar Botschaften die Sitzung. Zwei Wochen später schrieb die Klienten mir eine E-Mail um zu sagen, dass sie schwanger sei. Sie war auch schon bei der Sitzung schwanger gewesen, hatte es aber noch nicht gewusst. Ein Jahr später erhielt ich Bilder von ihr – sie hatte wirklich einen Sohn geboren.

Der Opa hatte die Seele des Jungen schon in der geistigen Welt kennengelernt und auf diese Welt begleitet.

Tipps für die Kommunikation
mit der geistigen Welt

WIE KANN ICH MIT MEINEN EIGENEN VERSTORBENEN KOMMUNIZIEREN?

Als Erstes mache dir bewusst, dass du auch ein Seelenwesen wie dein Verstorbener bist, auch wenn du noch einen Körper besitzt. Ihr seid aber nicht weit voneinander entfernt, sondern ganz nah.

Als Zweites löse dich von der Vorstellung, dass es einen Schlüssel zur Kommunikation gibt und dass es plötzlich leicht wird, wenn du diesen besitzt. Die Kommunikation ist eine Art Fremdsprache, die man zwar lernen kann, wofür es jedoch viel Übung, Geduld und Zeit braucht.

Auch dein Trauerprozess, dein Schmerz, deine Wut, Traurigkeit und Wünsche können die Kommunikation mit den Verstorbenen erschweren. Daher kann es auch sein, dass du dich an einem Tag sehr verbunden mit deinen Verstorbenen fühlst, am nächsten wiederum gar nicht. Das ist alles normal.

Die Kommunikation mit der geistigen Welt kann auf mehreren Wegen erfolgen:

Über Gedanken

Die Verstorbenen antworten auf deine Gedanken. Es ist aber schwer, deine eigenen Gedanken von den Impulsen der geistigen Welt auseinanderzuhalten.

Dabei hilft, auf den ersten Impuls zu achten, denn die geistige Welt braucht keine Zeit. Es kann auch hilfreich sein, Orte zu be-

suchen, die der Verstorbene mochte oder an denen ihr gemeinsam wart. Dort spürt man den Verstorbenen oftmals stärker. Aber
Achtung: Tu das nur, wenn es dir damit auch gut geht und du
damit umgehen kannst.

Über mediales Schreiben

Setze dich an einen ruhigen Ort und schreibe mit deinem Verstorbenen. Bitte ihn zu dir heran und schreibe mit einem Stift
oder am Computer Fragen auf. Achte auf Impulse als Antworten.
Lass deine Finger führen und lese dir erst ganz zum Schluss
durch, was du gemeinsam mit deinem Verstorbenen geschrieben
hast.

Nimm nicht alles ernst, denn diese Kommunikation läuft
immer auch durch deinen Kopf und deine Bewertungen hindurch, sodass nicht jedes Wort wirklich aus der geistigen Welt
stammt. Es kann auch hilfreich sein, als Rechtshänder mit der
linken Hand zu schreiben oder mit geschlossenen Augen.

Über Zeichen

Im Kapitel ›Zeichen‹ auf Seite 92 findest du dazu eine ausführ-
liche Auflistung.

Über ein Medium

Achte bei der Auswahl eines Mediums auf ein paar Dinge. Lese
dir aufmerksam die Homepage durch und frage nach der Ausbildung. Ein professionelles Medium sollte eine mehrjährige Ausbildung absolviert haben. Meiner Erfahrung nach am besten
nach dem englischen Spiritualismus, da dort sehr viel Wert

darauf gelegt wird, Sensitivität (Informationen von Lebenden und aus der Aura) und Medialität (Informationen aus der geistigen Welt) zu trennen und richtig zu übersetzen.

Achte auch auf Empfehlungen und höre dich etwas um, ob es persönliche Erfahrungsberichte gibt.

Frage, ob es eine Geld-zurück-Garantie gibt. Auch ein Medium kann einen schlechten Tag haben oder den Verstorbenen nicht ausreichend übersetzen können. Wenn du mit einem Termin nicht zufrieden sein solltest, solltest du nicht bezahlen müssen. Die guten Medien haben daher immer eine Geld-zurück-Garantie.

Achte auch darauf, dass du im Vorfeld nach keinerlei Informationen zum Verstorbenen gefragt wirst. Wenn ein Medium nach Beruf, Krankheit, Todesursache des Verstorbenen fragt, brich die Sitzung ab. Es ist Aufgabe des Mediums, dir Informationen über den Verstorbenen zu geben.

Und zuletzt, achte auf dein Gefühl. Sieh dir Bilder, Videos oder Homepage des Mediums an und achte auf dein Bauchgefühl, ob du diese Person sympathisch findest. Du solltest dich wohlfühlen. Das verbessert auch den Kontakt zu deinem Verstorbenen.

Über Hilfsmittel

Es gibt viele Hilfsmittel, die zur Kontaktaufnahme mit der geistigen Welt angeboten werden.

Ich lerne immer wieder Menschen in meinen Seminaren kennen, die viel über Hilfsmittel wie Ouija Brett oder EVP Recorder kommunizieren. Ein Ouija Brett oder auch Hexenbrett ist ein Holzbrett, auf dem Buchstaben und Zahlen stehen. Wenn man einen Verstorbenen näher bittet und zwei Finger auf die

Planchette, ein Holzstück mit Loch in der Mitte, legt, bewegt sich die Planchette zu den Buchstaben, die wichtig sind, und so ergeben sich Wörter und Sätze.

Mit einem EVP Recorder (electronic voice phenomenon) sollen Wörter oder Sätze aus der geistigen Welt hörbar und aufnehmbar gemacht werden.

Für mich sind beide Möglichkeiten Umwege, da sie sehr zeitintensiv und die Ergebnisse meist nur mäßig sind. Aber rein theoretisch funktionieren beide Methoden. Man sollte dies nur nicht zu ernst nehmen, es immer als Spaß ansehen und ohne Angst drangehen.

Was kann ich tun, um meine Energie zu verbessern und die geistige Welt klarer wahrzunehmen?

Üben. Das wichtigste ist Übung. Es gibt viele Seminare und Übungsgruppen zu Sensitivität und Medialität. Gut ist es auch, wenn du im Alltag immer wieder Ruhezeiten für dich einplanst, in denen du übst zu meditieren. Es müssen keine langen Zeiten sein. Es ist besser, täglich 5 Minuten als einmal wöchentlich eine Stunde zu meditieren. Das, was unserer Wahrnehmung am meisten im Weg steht, ist unser Kopf. Wenn wir durch Meditation unsere Gedanken zur Ruhe bringen, machen wir Platz für unsere Wahrnehmung.

Am besten sorgst du beim Meditieren für absolute Ruhe. Suche dir einen Ort, an dem du nicht durch Telefon, Tiere oder Stimmen gestört wirst. Musik oder geführte Meditationen empfehle ich nicht, da sie wieder Ablenkung für dein Gehirn bieten. Versuche, wirklich zur Ruhe zu kommen und deiner Seele Raum zum Beobachten zu geben. Es kann sein, dass vermeintlich negative Gefühle wie Wut, Trauer, Schmerz, Einsamkeit hochkommen. Das ist völlig in Ordnung. Fühle sie, beobachte, was es mit dir macht, und lasse die Gefühle durch dich hindurchfließen. Versuche weder, sie zu vermeiden noch zu bewerten oder als dramatisch anzusehen. Gefühle wollen einfach nur da sein dürfen, dann lösen sie sich von alleine wieder auf. Bleib in der Stille und fokussiere dich nur auf deinen Atem.

Mit der Fokusmeditation schärfst du deine Wahrnehmung und lernst, klarer zwischen deinen Empfindungen, Gefühlen, den Gedanken anderer Menschen und Eingebungen aus der geistigen Welt zu unterscheiden.

Hilfreich ist es auch, wenn du deine Sensitivität schulst. Sensitivität ist die Wahrnehmung von Dingen, Personen, Energien im Hier und Jetzt. Beobachte, wie du dich im Kontakt mit verschiedenen Menschen fühlst.

Bei jedem Kontakt mit Menschen oder auch Tieren und Räumen verändert sich unsere Energie. Über die Aura stellen wir eine Verbindung zum anderen her und spüren viel mehr, als uns bewusst ist.

Vielleicht kennst du auch die Situation, dass du dich mit einem Freund triffst und bevor er etwas sagen konnte, hast du schon gespürt, dass es ihm heute nicht gut geht. Das ist Sensitivität, auch Bauchgefühl oder Intuition genannt. Je mehr du deine Sensitivität durch kleine Wahrnehmungsübungen schulst, umso leichter ist es auch, die geistige Welt wahrzunehmen. Denn die Sprache ist dieselbe.

Achte beim nächsten Treffen mit einer Person darauf, was sich bei dir emotional und körperlich verändert. Wenn es einer Person schlecht geht, wie und wo spürst du das? Wenn eine Person sehr glücklich ist, wie und wo spürst du das?
Die Sensitivität ist bei jedem Menschen ein wenig anders ausgeprägt. Manche spüren Emotionen stark am eigenen Körper, z. B.

Beklemmung in der Brust, Schmetterlinge im Bauch, flaue Knie, Schmerzen im Kreuz etc.

Andere bekommen Emotionen vorranging als innere Bilder gezeigt – die Sonne geht auf = sie fühlen sich leicht und glücklich, dunkle Wolken = Sorgen. Wiederum andere spüren sie genauso wie ihre Gefühle – traurig = traurig, glücklich = glücklich. Lerne dich selbst und deine Sensitivität besser kennen und du wirst auch schneller Impulse aus der geistigen Welt erkennen und deuten können.

Was mache ich, wenn mich die Energien überfordern?

Mache dir bewusst, dass du der Chef über deine Wahrnehmung bist. Du kannst steuern, wie viel du wahrnehmen willst.

Wenn dich das Wahrnehmen von Stimmungen anderer Menschen überfordert, bleibe mit deiner Aufmerksamkeit bei dir. Konzentriere dich ein paar Atemzüge lang nur auf deinen Atem und nicht auf die Umgebung. Mache dir bewusst, dass die Themen anderer Menschen deren Themen sind und du die Verantwortung bei ihnen lassen darfst.

Wenn dich die Energie von Verstorbenen überfordert, mache Zeiten mit ihnen aus, in denen du ihnen zuhörst, und Auszeiten, in denen du keine Verstorbenen bei dir zu Hause haben möchtest. Kein Verstorbener möchte Angst machen oder stören. Sie freuen sich einfach nur, wenn sie wahrgenommen werden.

Ich gebe keine Botschaften an Menschen durch, die nicht bei mir im Termin sind. Daher weiß die geistige Welt, dass sie mir in meiner Freizeit keine Verstorbenen schicken muss, die nicht zu mir oder meiner Verwandtschaft gehören. Und auch meine Verstorbenen nehme ich selten nachts oder im Schlafzimmer wahr, denn sie wissen, dass ich dann nicht mit ihnen sprechen möchte. Sie wahren meine Privatsphäre genauso, wie sie es auch zu Lebzeiten getan haben. Wenn du klar bist mit deiner Energie, ist es mit der Kommunikation zur geistigen Welt leichter.

Was kann ich tun, wenn ich mich blockiert fühle und ohne Anbindung zur geistigen Welt?

Entspanne dich. Es gibt immer wieder Phasen, in denen wir uns blockiert fühlen. Schaue dir an, welche Gefühle du zurzeit unterdrückst oder welche Gedanken immer wieder auftauchen. Wenn du merkst, dass es mit Trauer oder Schuld zu tun hat, hole dir Hilfe bei einem Therapeuten oder einer Selbsthilfegruppe.

Schreibe einen Brief an deine Verstorbenen, dein inneres Kind oder an die Person, mit der die Gefühle zu tun haben. Du kannst ihn abschicken, verbrennen oder verwahren. Es geht darum, deine Gefühle wieder in Fluss zu bringen.

Auch kann es helfen, ein paar Tage wegzufahren oder dir etwas Gutes zu tun wie eine Massage oder einen Wellnesstag. Alles, was mit dem Körper zu tun hat wie Sport oder Erholung kann zusätzlich helfen, Blockaden zu lösen und Energien wieder klarer zu spüren.

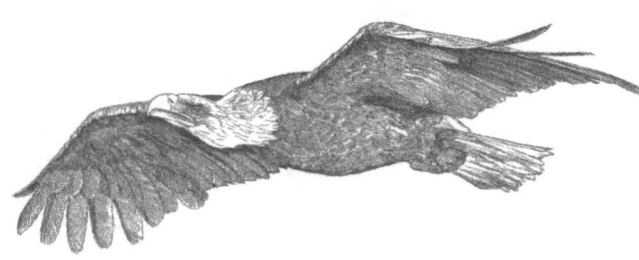

Lebenssinn und Sinnfindung

»Ich lernte, was jedes träumende Kind
wissen muss – dass kein Horizont so fern ist,
dass man ihn nicht erreichen
oder über ihn hinausgehen könnte.«

Beryl Markham

Erkennen ist Heilung

Ich: Ich vermisse dich, Papa, wie geht es dir?

Papa: Mir geht's gut. Sei nicht so traurig. Ich habe dich doch letzte Nacht im Traum besucht.

Ich: Nach deinem Tod mussten wir viele Entscheidungen treffen. Auch jetzt noch müssen wir viele Dinge regeln, um die du dich früher gekümmert hast. Wie findest du das?

Papa: Ihr macht das super. Ich bin sehr stolz auf euch. Lass deine Sorgen los! Mache dich frei von den Ansprüchen! Lebe mehr im Moment!

Ich habe selten in der Vergangenheit oder Zukunft gelebt. Ich habe den Moment genommen und ihn genutzt und das weißt du. Wenn du im Jetzt lebst, hast du weniger Angst. Überlege, was dir Spaß macht, und sieh das Leben als Tanz.

Ich: Was bereust du aus deiner Sicht jetzt?

Papa: Ich bereue, dass ich nicht mehr Liebe gelebt habe. Spaß hatte ich schon und du weißt auch, hingegen aller Meinungen, habe ich den Spaß wirklich genossen. Erinnere dich an die Motorradtouren und an das gemeinsame

Kaffeetrinken. Da war ich ruhig und relaxed und konnte es total genießen.

Aber die Liebe konnte ich nicht so leben, wie ich es gewollt hätte. Ich habe Liebe mit Abhängigkeit verwechselt und nicht verstanden, dass Liebe Freiheit bedeutet. Für mich war die Liebe oft ein Kampf. Ich glaubte, um sie kämpfen zu müssen und dass es immer einen Sieger und einen Verlierer gebe. Ich meinte, dass ich genug geleistet hätte, um Liebe endlich verdient zu haben. Mit diesem Glauben habe ich aber die Menschen, die ich liebe, vor den Kopf gestoßen, anstatt ihnen meine Liebe zu zeigen.

Zudem hatte ich große Verlustängste, die ich überspielt habe. Das zu erkennen macht mich traurig. Deine Mama und ich haben immer eine tiefe Verbindung gehabt, auch wenn wir sie nicht wirklich positiv leben konnten. Das tut mir sehr leid. Wir hätten eine bessere Beziehung verdient gehabt.

Ich: Das hast du sehr schön gesagt. Ich liebe dich, Papa, und Mama hat dich auch immer geliebt, auch wenn du oft daran gezweifelt hast.

Papa: Im Grunde war ich immer voll von Selbstzweifeln, daher konnte ich vieles nicht spüren und annehmen. Ich war blind auf diesem Auge.

Ich: Kannst du jetzt wieder sehen?

Papa: Und wie ... es war am Anfang schwer, klar zu sehen. Da es sich anfühlte, als hätte jemand nach Jahren der Dunkelheit im Zimmer, wo sich die Augen daran gewöhnt hatten und es sich normal anfühlte, das Rollo hochgezogen. Ich habe irgendwie immer geahnt, dass es noch etwas hinter dem Rollo geben muss, aber dass es so hell und so schön ist, habe ich nicht erwartet.

Zuerst war ich völlig geblendet vom Sehen, von der Wahrheit. Das Licht war kaum auszuhalten. Aber auf der anderen Seite hat es mein Herz in jeder Sekunde geheilt. Es hat mich erfüllt, sodass ich erst verstanden habe, wie leer ich mich zu Lebzeiten oft gefühlt habe. Ich hoffe, du verstehst, was ich meine?

Ich: Ich kann es ein Stück weit fühlen. Verstehen wäre wohl der falsche Ausdruck.

Papa: Ich zeige es dir nochmals: Es ist eine Befreiung von allem, was mich runtergezogen hat, von allen Schmerzen, allem Druck, allen Fragen. Es ist auf einen Schlag alles klar!

Ich: Das hört sich fantastisch an. Warum leide ich so sehr unter der ›Trennung‹ von dir, obwohl ich dich spüren und sogar mit dir schreiben kann? Ich verstehe mich und meinen Schmerz darin nicht.

Papa: Du kennst das Leiden, das ist dir schon lange vertraut. Du hast immer wieder Minuten, in denen du völlig im Frieden mit der Situation bist, in denen du nicht leidest und spüren kannst, dass das der Zustand ist, der deiner Seele am meisten entspricht. Du hältst diesen Zustand nur nicht. Du kippst immer wieder in die Unbewusstheit zurück, in den altbekannten Schmerz, ins Drama. Du machst das, weil du glaubst, mich weniger zu lieben, wenn es nicht so wäre. Im Grunde ist es dieselbe Verlustangst, die mich angetrieben bzw. gehindert hat, über meine Schatten zu springen, die mich blockiert hat.

Aber weißt du was, aus meinem jetzigen Blickwinkel hat sich alles verändert. Ich bin jetzt frei von meiner Angst. Wenn du mir nah sein willst, dann versuche, neben dem Schmerz auch die Freude über unseren jetzigen Kontakt spüren zu dürfen. Denn je mehr du es schaffst, umso leichter wird unser Kontakt und umso besser und klarer wird es. Ehrlich! Du verlierst mich nicht. Im Gegenteil.

Immer JETZT

»Jetzt und hier.
Der Rest ist Kopfkino.«

Ich: Hallo, Papa, ich habe viele Fragen gestellt und tolle Antworten von dir bekommen. Jetzt fühle ich mich leer. Gibt es etwas, das du noch loswerden willst?

Papa: Ja, das gibt es immer. Weißt du, ihr dürft nicht vergessen, wie kurz euer Ausflug auf diese Welt ist. Weißt du noch ... Es war doch erst eben, da war es noch Sommer und du hast dich über die Hitze beschwert. Jetzt ist es schon Dezember. Ertappst du dich nicht immer wieder dabei, dass du dich wunderst, wie groß deine Jungs schon sind, wie schnell die Zeit vergangen ist, als du selbst noch in München gewohnt hast, als du selbst noch zu Hause gewohnt hast oder als du selbst noch Kind warst? Weißt du noch ...?

Ich: Ja, du hast recht. Aber was sollen wir tun? Die Zeit läuft doch einfach.

Papa: Weißt du, das ist alles nicht real. Das Einzige, was real ist, ist dieser eine Moment. Nur du, gerade mit der Decke, dem Laptop und beiden Hunde auf dem Sofa, ein paar Minuten Ruhe, bis die Kinder kommen. Das ist real, sonst nichts. In deinem Kopf kämpfen jeden Tag Vergangenheit und Zukunft miteinander. Das bist du beides nicht. Wenn

du doch verstehen könntest, was ich verstehe. Wenn du es
doch durch meine Augen sehen könntest. Dann würdest
du begreifen, dass nichts wirklich zählt und doch alles.
Alles, was genau in diesem einen Moment ist. Nur jetzt
und jetzt und jetzt.

Ich: Du hörst dich an wie Eckhart Tolle ...

Papa: Ja, ist auch ein weiser Mann. Obwohl er noch lebt.

Ich: Was macht er anders, sodass er es in diesem Leben kapiert
        hat?

Papa: Er hat alles, was er nicht ist, hinter sich gelassen. Er hat
        alle Ablenkungen seines Geistes und dieser Gesellschaft
        durchschaut. Und dadurch, dass er es durchschaut hat,
        hört es auf, ihn zu beeinflussen.

Ich: Das heißt, wenn ich verstehen könnte, dass ich nicht
        meine Vergangenheit bin, würden Trauer und Schmerzen
        aufhören und wenn ich verstehe, dass ich nicht meine
        Zukunft bin, würden meine Ängste aufhören und das
        Leiden.

Papa: Genau.

Ich: Wie verstehe ich es?

Joao: Genau das ist der Fehler. Du denkst schon wieder darüber
        nach. Beobachte, anstatt zu bewerten. Werde still, anstatt
        zu denken. Lass die geistige Welt da sein, anstatt sie zu
        rufen. Erwarte nicht, sondern wisse, dass es Wunder gibt.

Nimm an, dass es leicht ist, und lasse alles andere, was du nicht bist, einfach gehen.

Und wieder hast du mir ein Wunder gezeigt. Beim Schreiben hat meine Autokorrektur das letzte ›Papa‹ in ›Joao‹ geändert. Als ich Joao las, musste ich sofort an den Heiler Joao de Deus denken, der mit der geistigen Welt gemeinsam Heilung in unsere Welt bringt. Als ich Joao googelte, kam Folgendes hoch: Joao bedeutet portugiesisch für Johannes aus dem Hebräischen kommend ›Gott ist gnädig‹.

Ergänzung einige Tage später:

Als ich gerade an der Bearbeitung meines Manuskripts saß, lief meine Playliste auf YouTube und es wurde ein altes Lied von Alanis Morissette gespielt, das ich zum ersten Mal gemeinsam mit meiner Familie in einem Urlaub in den USA gehört habe. Es war das erste erfolgreiche Album von ihr, das man in Deutschland noch nicht kannte. Der Song transportierte eine unglaubliche Lebensfreude. Als ich mitsang, spürte ich meinen Vater sehr präsent bei mir. Er freute sich über meinen Gesang und schickte mir eine Gänsehaut am ganzen Körper. Die Bilder aus dem Urlaub von 1996 waren so präsent, dass sie sich realer anfühlten als meine Realität hier an meinem Schreibtisch mit meinem Laptop.

Für ein paar Momente war ich wirklich in San Francisco, auf der Straße nach Monterey und im Hotel mit dem schönen Swimmingpool, bei dem ich meiner Schwester Saltos ins Wasser zeigte.

Wer sagt eigentlich, dass das alles nicht jetzt genauso real ist wie damals. Kein Mensch kann beweisen, dass Zeit etwas ist, das wirklich existiert. Was allerdings in der Quantenphysik längst als bewiesen gilt, ist, dass es in Wirklichkeit keine lineare Zeit, keine Vergangenheit, Gegenwart und Zukunft gibt, sondern alles gleichzeitig existiert. Auch wenn ich das nicht verstehen kann, spüre ich immer wieder bei der Kommunikation mit der geistigen Welt, dass es stimmt.

Meine Seele, meine Gefühle, meine Freude, meine Liebe, machen keinen Unterschied zwischen den Erinnerungen an diesen Urlaub und dem realen Erleben in diesem Moment.

Und mein Vater singt mit, schief und schepp ... und wir lachen gemeinsam.

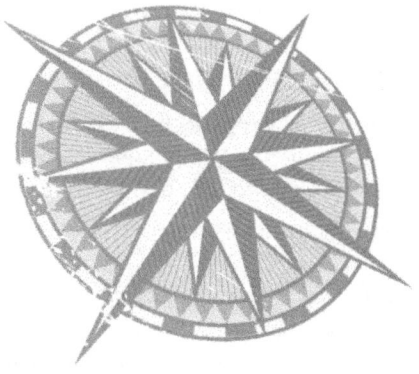

Was macht es für einen Sinn?

»Höre auf, halbe Sachen zu machen.
Du kannst deine Lebensfreude nicht aufsparen
für irgendwann. Höre auf so zu tun,
als hättest du noch ein Leben in petto.«

Ich: Papa, du hast dein Leben immer sehr intensiv gelebt. Manchmal hatte man das Gefühl, dass du gehetzt wirktest, dass du alles auf einmal erleben wolltest und du dir oft nicht die Zeit genommen hast, etwas zu genießen. Wie meinst du die Botschaft, dass ich mein Leben intensiv leben soll? Meinst du, so wie du?

Papa: Nein, nicht unbedingt. Du musst nicht alle Sportarten ausprobieren und ständig unterwegs sein, wie ich es war, um intensiv zu leben. Denk an den Spruch aus dem Film *Der Club der toten Dichter*, den wir uns im Kino angesehen haben.

»Ich ging in die Wälder, denn ich wollte wohl überlegt leben. Intensiv leben wollte ich, das Mark des Lebens in mich aufsaugen, um alles auszurotten, was nicht lebend war. Damit ich nicht in der Todesstunde innewürde, dass ich gar nicht gelebt hatte.«[1]

---

[1] Zitat von Henry David Thoreau (1817-1862) US-amerik. Philosoph, Schriftsteller und Mystker

Für jeden Menschen bedeutet es etwas anderes, intensiv zu leben, aber immer hat es etwas mit Lebensfreude und Leichtigkeit zu tun und damit, sich nicht von seinen eigenen Ängsten vom Leben abhalten zu lassen.

Ich: Was ist dann der Sinn dieses Lebens?

Papa: Ich bin im Alltag oft bei dir, genauso wie eben beim Jenseitskontakt, den du mit dem jungen Mann in der geistigen Welt hattest. Mir hat die Erklärung von ihm für seine Mutter gefallen, da ich es auch so sehe.

Er sagte: »Du hast diese Reise (dieses Leben) vor deiner Geburt gebucht. Der Flug, die Ankunft und die Startsituation hast du mit ausgewählt. Die einzelnen Stationen kannst du aber frei wählen. Manche Stationen wirst du im Nachhinein bereuen oder auf der nächsten Reise nicht mehr wählen und manche Stationen werden dir schöne Erfahrungen bringen. Manchmal wirst du in eine Sackgasse oder einen Dschungel fahren.

Aber wenn du zurückblickst auf deine Reise, verblassen die Umwege und die schönen Erinnerungen, die Menschen die wichtig waren, die Emotionen nimmst du mit. Diese sind es, die die Reise kostbar machen, egal wie die Reise zum Schluss ist oder ob du sie abbrichst oder zu Ende führst. Das Ende der Reise ist meist nicht wichtig, es ist nur ein kurzer Moment. Nur die Gefühle und Erlebnisse, die man auf der Reise sammeln durfte, zählen.«

Ich: Das ist eine schöne Beschreibung. Sie hat mich im Termin sehr berührt und es berührt mich, sie jetzt nochmals mit deinen Worten zu hören.

Richtiger Zeitpunkt

Ich: Aber heißt es, jeder, der stirbt, stirbt zum richtigen Zeitpunkt?

Papa: Teilweise. Die Menschen sterben, wenn der Lebensplan erfüllt ist, wenn es sozusagen ihr Schicksal war. Aber sie sterben auch, wenn durch ihre Entscheidungen ein Punkt erreicht ist, an dem die geistige Welt sagt: »Okay, wir holen ihn zurück.«

Ich: Das ist spannend. Wann ist dieser Punkt erreicht?

Papa: Das ist unterschiedlich. Manchmal ignorieren Menschen ihre Aufgabe, ihr Lebensthema, auf dieser Welt und verrennen sich total oder flüchten sich in Süchte und Krankheiten. Dann gibt es diesen Zeitpunkt, an dem der Mensch loslässt. Es gibt häufig einen Moment, vielleicht nur ein paar Sekunden lang, an dem der Mensch die Aufgabe begreift, und dann darf er gehen. Aber der Punkt ist auch oft erreicht, wenn es um den freien Willen geht. Wenn jemand sterben will.

Ich: Aber ich habe auch versucht, mir das Leben zu nehmen.

Es hat allerdings nicht geklappt. Heißt das dann, dass alle, bei denen der Suizidversuch klappt, auch wirklich sterben sollten? Dass es sozusagen der richtige Zeitpunkt war?

Papa: Ja und nein. Es ist häufig so, dass die Person schon Monate oder Jahre Depressionen hat oder sich mit dem Wunsch zu sterben beschäftigt und wenn der Mensch dann Suizid begeht, ›sagt‹ die geistige Welt: »Der darf nach Hause. Er ist an einem Punkt in seinem Leben, an dem sich der Kreis geschlossen hat und wir ihn zurückholen.«

Ich: Das verstehe ich ja noch. Aber ich habe auch immer wieder Verstorbene hier, die sagen, dass es aus einem Schockmoment heraus oder nach einer schlechten Nachricht passiert ist, dass sie gar nicht wirklich sterben wollten und es bereuen, weil sie sehen, wie viel Leid sie dadurch bei den Hinterbliebenen ausgelöst haben. Warum holt ihr die zu euch und mich zum Beispiel damals nicht?

Papa: Sie hatten einen anderen Lebensplan als du. Ihre Aufgabe war in diesem Moment erfüllt. Und auch wenn es nicht die beste Entscheidung ihres Lebens war, sie haben sie getroffen und die geistige Welt hat dazu JA gesagt. Oft bereuen die Menschen nicht wirklich ihren Tod, sondern ihnen tut es für ihre Angehörigen leid. Meist sind das Menschen, die nie egoistisch waren, die eigentlich ihre Liebsten nie im Stich lassen wollten, bei denen man mit Suizid auch gar nicht gerechnet hat. Verstehst du, was ich meine?

173

Ich: Ja, ich verstehe es. Trotzdem sind das meist sehr schwere Termine, da ich es den Klienten nicht erklären kann. Manchmal geben die Verstorbenen mir dann einfach das Gefühl von ›es war Schicksal‹.

Papa: Ja, das ist auch die einzige mögliche Erklärung dafür. Und ich glaube, da von Schicksal zu sprechen, hilft euch Menschen. Denn aus eurem Blickwinkel kann man es nicht erklären oder verstehen. Und um zurück zum Anfangsthema zu kommen. Du brauchst nie Angst um deine Liebsten zu haben, da du es überhaupt nicht beeinflussen kannst, wann jemand zurückgeht. Du kannst nur jeden Moment so leben, dass du später nichts bereust. Das ist das, was du in der Hand hast.

Aufgabe

Ich: Papa, du warst doch ähnlich. Du hast es nie lange zu Hause ausgehalten. Du musstest immer raus, etwas erleben – Motorradfahren, Fallschirmspringen, Snowboarden, Skifahren ... schneller und weiter. Warst du nur auf der Flucht vor der Leere in dir? Oder um den Kick zu spüren?

Papa: Ja und nein. Ich war auch oft ein Suchender. Ich habe die Suche nach dem nächsten Kick, nach dem Gefühl, am Leben zu sein, gebraucht. Ich habe dieses Suchen gebraucht, um mich nicht mit der Leere in mir, der Traurigkeit oder meinen Wünschen auseinandersetzen zu müssen. Solange ich auf der Suche nach dem nächsten Erlebnis war, habe ich mich sinnvoll und erfüllt gefühlt. War das Erlebnis vorüber, musste ich ein neues suchen. Nur wenn ich auf dem Weg zum nächsten Abenteuer war, habe ich mich lebendig gefühlt. Und das war das Gefühl, das ich am meisten geliebt habe. Ich wollte fühlen, dass ich lebe, ich wollte Spaß haben, ich wollte etwas bewirken, Ergebnisse sehen – um jeden Preis. Das war meine Vermeidungsstrategie, mit der ich aber auch viel erreicht habe.

Ich: 11:11 wird mir gerade auf dem Laptop angezeigt. Das steht für mich. Die 11 ist meine spirituelle Zahl. Papa, kommt das als Zeichen von dir?

Papa: Damit und den anderen Zeichen will ich dir nur zeigen, dass es auch um dich geht. Alles, was ich dir sage, geht im Grunde auch um dich und um diese Welt. Wenn du es so willst, möchte ich immer noch etwas in dieser Welt bewirken. Auch wenn es nun nicht mehr aus Ego-Gründen geschieht.

Ich: Aus welchem Grund dann?

Papa: Aus dem einfachen Grund, dass ich eine Aufgabe habe. Ich hatte zu Lebzeiten schon die Aufgabe, Menschen zu begeistern, zu motivieren, mitzuziehen. Diese Aufgabe verschwindet ja nicht einfach, nur weil ich tot bin.

Ich: Papa, du bist immer so direkt ...

Papa: Soll ich lieber sagen, da meine Seele nicht mehr an meinen Körper gebunden ist? Du weißt selbst, dass diese Worte mir nicht wirklich entsprechen.

Ich: Ja, ich weiß. Also gut. Ich verstehe. Deine Aufgabe ist es noch immer, mich zu motivieren und mitzuziehen, wie du es sagst?

Papa: Nicht nur dich.

Die Teekanne spricht mal wieder mit mir, Roxette läuft im Radio, dann Tanita Tikaram – seit wann spielen sie auf FFH Tanita Tikaram? Erstaunlich, willst du mir irgendetwas damit sagen?

Sie ist einer der Lieblingssängerinnen meiner Mutter. Ich weiß, du unterstützt Mama zurzeit sehr. Sie ist schwer krank und mit ihrer Luft wird es immer schlechter. Verdammte Krankheit!

Ich wünschte, du könntest sie heilen. Doch ich weiß, dass du nichts an den Aufgaben der Menschen hier ändern kannst, und ihre Krankheit ist eine Aufgabe.

Was ist meine Aufgabe? Als ich das denke, setzt sich eine Ringeltaube vor meinem Fenster auf den Baum und schaut mich an. Ich fühle Frieden in mir, als ich ihr zusehe. Tauben haben schon immer eine Faszination auf mich ausgeübt. Ich kenne keine Tiere, die so missverstanden werden wie Tauben. Für mich sind es wunderschöne Tiere. Überlebenskünstler, liebevoll, treu und schlau.

Meine Mutter hat, seit ich sie kenne, eine panische Angst vor Tauben. Vielleicht liebe ich sie auch deshalb so sehr, weil sie bei ihr keine Lebensberechtigung haben. Ich musste sie in der Stadt immer von ihr fernhalten. Nicht selten sprang meine Mutter plötzlich im Straßencafé auf und lief panisch quer über die Fußgängerzone. Ich habe mich oft in Gedanken bei den Tauben ent-schuldigt. Durch sie und alle anderen Tiere, die ich versucht habe, über die Jahre zu retten und zu beschützen, habe ich gespürt, dass die Seelensprache universell ist und ich sofort wahrnehme, wenn Tiere meine Hilfe brauchen.

Ich bekomme von Verstorbenen sehr oft gezeigt, dass sie ihre Aufgabe hier abgeschlossen haben. Sie sprechen davon, dass sie vor ihrer Geburt als Seele beschlossen haben, welche Themen sie hier erleben möchten. Dieses Beschließen geschieht im Ein-klang mit allen Seelenwesen, also mit den Seelen, die einem auf dieser Welt begegnen werden, aber auch mit Geistführern und Helfern in der geistigen Welt.

Also geschieht alles, was wir auf dieser Welt erleben, in Absprache mit der geistigen Welt. Und selbst, wenn wir meinen, einen freien Willen zu besitzen – denn wir können uns jederzeit für etwas Anderes entscheiden –, frage ich mich manchmal, ob nicht doch alles immer genauso kommen muss, wie es kommt. Die Verstorbenen lächeln zu diesen Fragen nur vielsagend. Und ich spüre, dass die Wahrheit nicht weit entfernt ist.

Rückblickend zeigen mir die Verstorbenen, dass ihr Tod meist schon lange vorher feststand und dass man – egal was man getan hätte – diesen nicht hätte verhindern können. Dennoch möchte ich an dem Konzept vom freien Willen festhalten, der mir die Illusion einer Wahl lässt.

Krankheit

Ich: Warum hast du Krebs bekommen? Hättest du den Krebs
      überleben können, wenn du etwas geändert hättest?

Papa: Der Krebs hat sich seit meiner Kindheit in meinem Inne-
      ren entwickelt. Der Krebs hieß ›Ich liebe mich nicht und
      werde nicht geliebt‹ und es war mein Lebensthema, das
      ich viele Jahre versucht habe, auf unterschiedliche Arten
      zu verdrängen, zu bearbeiten, auszuleben. Durch Arbeit,
      Konsum, Macht und andere Dinge habe ich die Aspekte
      meines Lebensthemas – finde ich übrigens besser und
      passender als dein Wort Lebensplan – kennengelernt und
      meine Seele ist daran sehr gewachsen. Ich habe sehr viel
      erlebt, gelebt und auch auf energetischer Sicht entwi-
      ckelt. Ich bin glücklich gestorben – was das Lebensthema
      betrifft und auch sonst – und es war alles rund, wie es war.

      Natürlich hast du mit deinen Gedanken, dass Krankheit
      immer einen Grund dahinter hat, recht. Definitiv! Aber es
      hätte keinen Weg gegeben, für mich die Krankheit zu
      überleben, so viel weiß ich inzwischen. Und das war auch
      nie der Plan. Es war Zeit zu gehen. Ich wäre so oder so
      gestorben, doch durch das Geschenk der Krankheit habe
      ich die Chance bekommen, einen weiteren Aspekt meines
      Lebensthemas fühlen zu dürfen. Ich habe gefühlt, dass ich
      geliebt werde, und konnte mich selbst annehmen.

Lebensplan

Berufung, Lebensplan, Seelenplan oder Lebensthema, wie ich es nenne, ist eine Art Entwicklungsaufgabe, mit der wir auf die Welt kommen. Vor unserer Inkarnation besprechen wir diese Aufgabe, dieses Thema gemeinsam mit unserem geistigen Team im Jenseits. Wir erkennen, welche Themen wir noch erleben möchten, damit unsere Seele sich weiterentwickeln kann. Das Lebensthema beinhaltet alles, was unsere Seele hier in der Dualität lernen und erfahren möchte.

Ich denke, wenn ich zurückblicke, wird wohl ein Teil meines Lebensthemas Vergebung sein und Mut zum Weiterleben. Vielleicht auch anderen Menschen Mut zu machen und die Botschaften der geistigen Welt weiterzugeben.

Ich glaube, wir machen uns oft zu viele Gedanken und sind zu sehr auf der Suche nach einem Lebensplan oder Lebensthema. Denn das Lebensthema ist immer schon da! Das bringen wir unweigerlich mit auf diese Welt und es ist etwas, das wir nicht suchen müssen oder können, da es ohnehin zu uns gehört. Es wäre so, als wenn ich mich auf die Suche nach meinem Herzen mache und übersehe, dass es seit meiner Geburt in meiner Brust schlägt und ich es nicht suchen muss. Es kann aber helfen, sich an sein Lebensthema zu erinnern oder ein Gefühl dafür zu bekommen.

Es hilft im Alltag zu erkennen, was uns guttut, warum wir mit manchen Berufen nicht glücklich werden oder warum wir noch eine Sehnsucht in uns fühlen, obwohl unser Leben perfekt erscheint.

Gefühle wie Sehnsucht, Nicht-angekommen-Fühlen, ein inne-rer Drang weiterzugehen oder auch psychosomatische Be-schwerden können Hinweise sein, dass wir unser Lebensthema nicht leben können.

Mich hat als Kind schon der Tod fasziniert. Durch mein Nah-toderlebnis habe ich immer gespürt, dass ich mehr bin, als meine Augen sehen können. Ich habe schon als Kind tote Tiere beer-digt, wollte Bestatterin oder Pathologin werden und konnte stun-denlang übers Sterben reden. Dann hat mich das Heilen immer fasziniert. Ich wollte die ganze Welt retten. Ich bin mit 5 Jahren Vegetarierin geworden und wollte jeden bekehren. Zu Tieren spürte ich immer eine sehr starke Verbindung.

Der Schmerz eigener Verluste und eigener Entwicklungen hat mich sehr geprägt und ich habe schon in der Jugend angefan-gen zu schreiben, um Dinge verarbeiten zu können.

Wenn ich jetzt zurückschaue, sehe ich ganz deutlich den roten Faden in meinem Leben und es wundert mich kein biss-chen, dass ich Medium und Autorin geworden bin und dass ich mich in der Werbebranche, in der ich früher gearbeitet habe, nie zu Hause gefühlt habe.

Auch die Verstorbenen haben noch Aufgaben. Ich nehme Verstorbene sehr präsent im Alltag bei ihren Hinterbliebenen wahr. Trotzdem können sie gleichzeitig ihre Entwicklung in der geistigen Welt machen und ihrer Aufgabe nachgehen. Ihre Auf-gabe nehme ich nicht wie einen Beruf bei uns wahr, sondern mehr wie ein Erleben und Zulassen all ihrer Talente.

Manchmal zeigen mir die Verstorbenen sehr konkrete Aufga-ben. Ein verstorbener Gitarrist zeigte mir bei einem Kontakt einmal, dass er lebende Musiker aus der geistigen Welt heraus inspiriert. Er ›flüstert‹ ihnen im Schlaf Melodien zu oder ist mit ihnen verbunden, wenn sie Musik machen. Viele Künstler und

Musiker berichten auch davon, dass sie sich vom ›Himmel‹ inspiriert fühlen.

Ich habe in einem anderen Kontakt von einem jungen Mann, der sich das Leben genommen hatte, die Botschaft bekommen, dass er sich jetzt um alle jungen Seelen kümmert, die in die geistige Welt kommen und dieses Schuldthema tragen wie er. Er hilft ihnen, die Gefühle zu ordnen, sich den Themen zu stellen, die Hinterbliebenen leiden zu sehen und zu verstehen, warum was wie abgelaufen ist. Er ist wie ein Seelsorger für die Seelen. Es entspricht genau seinem Talent, welches er leider zu seinen Lebzeiten nicht positiv hatte ausleben können.

Ich selbst werde auch immer wieder von einem Freund, der gestorben ist, begleitet. Ich nehme ihn in meinem Alltag selten wahr, da er ein sehr zurückhaltender Mensch war. Aber immer, wenn ich einen gesundheitlichen Rat brauche, spüre ich ihn an meiner Seite. Ich bekomme von ihm auch homöopathische Mittel genannt, die ich dann in Büchern nachlese, und erkenne, dass sie immer passend für mein Problem sind. Er war zu seinen Lebzeiten unser Kinderarzt und Homöopath und anscheinend ist das immer noch seine Leidenschaft.

Geistführer und Lebensplan

Paul: Ihr macht euch viel zu viel Stress um das Thema Lebensplan. Was wäre, wenn es keinen Plan gäbe? Stell dir mal vor, du bist auf dieser Welt, um Spaß zu haben ... Stell dir mal vor, das Ziel ist es, so viel Freude wie nur möglich in dieser Welt zu erleben und zu verbreiten. Was wäre dann?

Ich: Das finde ich sehr schwer. Viele Menschen leiden und es geht ihnen schlecht. Wie würden die sich fühlen, wenn ich sage, sie seien auf der Welt, um Spaß zu haben. Die würden das als Hohn und Spott ansehen, oder?

Paul: Nein, das glaube ich nicht. Hast du dir wirklich mal die armen oder kranken Menschen in anderen Ländern angesehen und beobachtet, dass diese oft viel dankbarer für eine Mahlzeit, für ein nettes Wort oder für ein gesundes Familienmitglied sind, als ihr es je sein werdet?

Ich: Ja, da hast du recht. Die ›zivilisierte‹ Gesellschaft ist nicht glücklicher, obwohl wir mehr haben und uns an existenziellen Dingen nichts fehlt. Und trotzdem ist es schwer, nur durch das Bewusstmachen zufriedener zu sein. Was rätst du uns also, wenn wir mit unserem Schicksal hadern?

Paul: Aufhören zu hadern. Du kannst immer einen Teil ändern, also ändere ihn. Und den Teil, den du nicht ändern kannst, vergiss ihn. Folge nur deinem Herzen und lass dich nicht durch Sorgen oder Ängste von deiner Freude abbringen. Und mache dir bewusst: Die Freude produzierst du selbst in dir. Es ist DEIN Gefühl, das in deinem Herz entsteht. Auch wenn du das Gefühl hast, eine andere Person oder ein anderes Ereignis löse das Glück und die Freude in dir aus. Das ist ein Trugschluss. Du produzierst es selbst. Also ist es losgelöst von anderen Menschen und Ereignissen. Also kannst du deine Freude in deinem Herzen jeden Tag erleben – unabhängig von den Umständen.

Tipps zum Erkennen deines Lebensthemas

Wenn du erkennen möchtest, was dein Lebensthema ist, nimm dir etwas Zeit für dich, beantworte folgende Fragen und mach dir Notizen:

- Was hat dich als Kind fasziniert?
- Was macht dir wirklich Freude?
- Über welche Themen redest du gerne?
- Womit beschäftigst du dich, wenn du frei hast?
- Was würdest du auch tun (Hobbys/Beruf/Alltag), wenn du unbegrenzt Geld zur Verfügung hättest?
- Welche Hürden hast du bewältigt?
- Welche Schmerzen geheilt?
- Was hat dich stärker gemacht?

Diese Fragen bringen dich deinem Lebensthema, deinem Lebenssinn näher. Denn zum einen erkennen wir, warum wir auf dieser Erde inkarniert sind, durch die Dinge, die unser Herz berühren, die uns zum Strahlen bringen und uns spüren lassen, dass wir leben. Diese Dinge zeigen uns den Weg unserer Seele und weisen uns die Richtung, in die wir gehen sollten.

Zum anderen zeigen uns im Rückblick die tiefen Momente, die Schmerzen und die Dramen, die wir erleben mussten, in welchen Bereichen, wir eventuell Experten sind. Alles, was wir durchstehen mussten und woran wir gewachsen sind, ist häufig wichtig für unsere Lebensaufgabe. Wir können aus Erfahrung sprechen und anderen, die noch nicht so weit sind wie wir, weiterhelfen.

Mir hat vor einiger Zeit eine Klientin gesagt, dass sie bei einem Medium war, welches die Fakten des Verstorbenen richtig übersetzt hat, aber sie keine Empathie, kein Gefühl gespürt hat. Ein Medium muss den Schmerz des Verlustes kennen, muss selbst gelitten haben und seinen Trost in der geistigen Welt gefunden haben, ansonsten wird es ihm schwerfallen, genau das zu vermitteln. Die Klientin war trotz richtiger Übersetzung nicht mit der Sitzung zufrieden und suchte weiter nach einem Medium. Sie kam zu mir, da sie ein Video über meinen eigenen Schmerz gesehen hatte, welches sie berührte.

Ich hatte lange Zeit überlegt, ob ich ein solch privates Video von mir wirklich ins Internet stellen möchte. Dieses Feedback der Klientin, die deswegen zu einer Sitzung zu mir kam, hat mich darin bestärkt, dass es eine Stärke ist, über Schwäche zu reden.

Mache dir Notizen oder lege dir ein Heft an, in das du alle Dinge hineinschreibst, die dich bewegen, die dir Freude machen, die du gut kannst oder du überstanden hast. Wenn du es dir ein paar Tage später durchliest, achte auf den roten Faden, der sich durch alle Themen zieht.

Ein ›roter Faden‹ kann sein:

- Menschen helfen
- Kreativ arbeiten
- Dinge erschaffen
- Technische Themen
- Sachen erfinden
- In der Natur sein
- Mit Kindern arbeiten ...

Es geht darum, dass du dein Thema erkennst, welches dich in dieser Inkarnation begleitet. Es können auch mehrere Themen sein.

Dieses Thema solltest du versuchen, so oft es geht, zu erleben. Falls du auf der Suche nach einer Arbeit bist oder deinen Job wechseln möchtest, halte nach Arbeitsstellen Ausschau, die diesem Thema entsprechen. Sei kreativ! Überlege auch, wie ein Job aussehen könnte, der diesem Thema entspricht, auch wenn es ihn noch nicht gibt. Die tollsten Jobs sind genau auf diese Weise entstanden.

Ich habe ein Interview mit der Gründerin von Zwergenwiese gesehen. Sie erzählte, dass sie 1991 wenig Geld für Nahrungsmittel hatte, aber eine Leidenschaft für Kochen und die eigene Herstellung von Dingen sowie den Traum von einer besseren Welt für ihre Kinder. Sie erfand Brotaufstrich aus gemahlenen Sonnenblumenkernen. Inzwischen hat sie die Firma, die Millionen abwarf, verkauft. Aus einer Not und einer Leidenschaft ist eine geniale Geschäftsidee geworden.

Was ist deine Leidenschaft?

Ziele

»Nicht auf dem Weg,
sondern längst angekommen.«

Natürlich macht es zufrieden, wenn ich mir Ziele stecke und diese dann erreiche. Aber ist das der Sinn des Lebens?

Ich könnte mir jetzt wieder für das nächste Jahr neue Ziele setzen. Joggen ist eines davon, neue Seminare, Demos, das Buch veröffentlichen. Und dann darauf hinarbeiten, diese zu verwirklichen. Das habe ich die letzten Jahre getan. Aber was ist dann? Bin ich dann glücklich, nur weil ich dieses oder jenes Ziel erreicht habe? Und was kommt danach? Die nächsten Ziele und Pläne? Nein, es ist ein Grundsatzthema.

Warum bin ich wirklich hier? Sollte nicht jeder einzelne Tag mich erfüllen, ob ich nun auf ein Ziel hinarbeite oder nicht? Sollte nicht der Weg das Ziel sein? Also jeden Tag die Erfüllung und Freude spüren, ohne irgendwo hin oder ankommen zu wollen. Jeden Tag spüren, dass ich längst ANGEKOMMEN bin. Ist es nicht das, was ich weitergeben will – ein Gefühl von ›angekommen und erfüllt sein‹. Das ist es, was ich für mich suche, und das ist es, was ich gerne weitergeben würde – in welcher Form auch immer.

In den Jenseitskontakten geht es mir gut, weil das Angekommen-Gefühl das ist, was alle Verstorbenen verbindet und das ich durch die Nähe zu den Verstorbenen genauso im Termin wahrnehmen kann. Es bewirkt, dass ich mich unglaublich leicht und heil und zufrieden fühle.

Früher hatte ich aus diesem Grund eine große Sehnsucht nach dem Tod. Letztlich ich glaubte, dass meine Suche erst mit dem Tod aufhöre und ich erst im Tod ankommen könne. Aber ich bin davon überzeugt, dass es einen Grund gibt, warum ich bisher nicht gestorben bin, warum ich lebe. Dieser Grund hat mit dem Gefühl des Angekommenseins zu tun, das ich in die Welt bringen soll.

Es muss eine Art Erinnern sein, denn ich weiß ja, dass wir alle auf Seelenebene längst angekommen sind, dass wir alle genauso verbunden sind mit der Ewigkeit wie die Verstorbenen. Das Problem ist nur, dass wir es so oft nicht fühlen. Wie kann ich das ändern? Wann fühle ich mich angekommen?

Gerade läuft Roxette – Dressed for success. Dieses Lied erinnert mich an eine tolle Zeit mit 11 oder 12 Jahren. Ich habe mich damals so frei gefühlt. Jetzt in diesem Moment mit dem Song, der gute Laune macht, und dem Gefühl der Freiheit, alles erreichen zu können, was ich möchte, fühle ich mich angekommen.

Ich fühle mich angekommen, wenn ich nach Sport oder Sauna meinen Körper atmen fühle.

Trance ist auch ein Zustand, in dem ich mich völlig richtig, leicht und angekommen fühle.

Ich glaube, das Gefühl hat viel mit Gehirnwellen zu tun. Wenn ich meine Gehirnwellen durch Sport oder Mediation in den Alphazustand runterfahre – Beta-Wellen sind unser Allgemeinzustand –, verbinde ich mich automatisch mit meiner Seele, mit meiner Weisheit und der geistigen Welt.

Vielleicht geht es gar nicht darum, etwas zu leisten, etwas zu erreichen. Vielleicht geht es gar nicht darum, einen Plan zu verwirklichen. Vielleicht ist die eine große Lebensaufgabe ziemlich überbewertet. Vielleicht haben wir mehrere Aufgaben. Vielleicht geht es mehr um ein Gefühl, eine Emotion, die wir in die

Welt bringen sollen oder besser dürfen. So wie ein Lied, das wir singen und durch das die Menschen berührt werden.

Vielleicht hat jeder Mensch eine eigene Melodie und immer, wenn er authentisch ist und diese Melodie in die Welt bringt, inspiriert er andere durch seine Einzigartigkeit.

Ich: Verstehe ich es richtig, dass es euch – also der geistigen Welt – egal ist, was wir hier auf der Erde machen, solange wir wir selbst sind?

Papa: Na ja, was heißt egal. Für dich gibt es oft nur schwarz oder weiß. Für uns als Seelenwesen ist es normal, allem, was wir sind, Ausdruck zu verleihen. Wir erkennen den wahren Kern unserer Seele ganz automatisch, da wir uns nicht mehr verstellen oder so tun können, als seien wir jemand oder etwas anderes, als wir sind.

Wir sind pur und erkennen uns untereinander sofort. Wir spüren, was echt ist und sozusagen die ureigene Signatur von jeder Seele. Und wir können nicht verstehen, wie ihr so unendlich viel Zeit damit verbringt, jemand anders sein zu wollen als der, der ihr seid. Warum etwas sein, werden oder erreichen wollen, wenn ihr so, wie ihr seid, vollkommen seid?

Ich: Ich glaube, ich verstehe, was du meinst. Ich denke aber, viele wissen nicht, wer sie wirklich sind.

Papa: Doch. Ich glaube, jeder weiß im Grunde seines Herzens, wer er wirklich ist und ob er seine Werte und seine Seele lebt oder nicht. Es fühlt sich anders an. Du kennst das doch, wenn die Zeit fast stehen bleibt, du dich wirklich wohlfühlst mit Menschen, Begebenheiten, Arbeit oder Hobby. Wenn die Zeit stehen bleibt, ist es immer ein Zeichen von SEIN. Genauso verhält es sich bei einem Gefühl von ›zu Hause‹, von ›innerer Ruhe‹ oder von ›Weite und Leichtigkeit‹. Im Grunde weißt du, was du bist und was du in die Welt bringen willst.

Ich: Und diese Signatur, von der du sprichst, ist es das, was uns einzigartig macht?

Papa: Definitiv! Jede Seele hat einen individuellen, unverwechselbaren ›Fingerabdruck‹, eine eigene Signatur, etwas das sie und somit auch den betreffenden Menschen unverwechselbar und einzigartig macht.

Ich: Warum bringen dann nicht alle Menschen ihre Einzigartigkeit in die Welt? Warum fällt es allen so schwer, so zu sein, wie sie sind, oder zu entdecken, was sie in die Welt bringen können?

Papa: Weil ihr von klein auf lernt, dass es um andere Dinge und Werte im Leben geht, dass es um Leistung und Lernen und Erfolg geht.

Ich: Wenn wir das jetzt aber verstehen, was können wir machen, um unsere Melodie in die Welt zu bringen?

Papa: Du tust es gerade. Deine Melodie ist die Kommunikation mit der anderen Seite, mit der anderen Seite der Zeit, der anderen Seite in jedem von euch. Früher oft über die dunkle Seite in dir ... auch damit hast du die Menschen berührt, durch deine traurigen Gedichte, deine Melancholie und deinen Schmerz. Heute kannst du deine Melodie auch durch die Liebe spielen. Die Liebe von uns an andere Menschen weiterzuleiten und zuzusehen, wie diese heilen. Du hältst die Kommunikation aufrecht, du gibst die Botschaften durch. Das erhellt deinen Seelenkern und ist – wenn du dieses Wort verwenden willst – deine Aufgabe.

So hat jeder Mensch eine eigene Melodie, die er spielen darf. Diese zu entdecken ist einfach. Diese auch immer wieder spielen zu können und zu wollen, ist schon schwieriger. Denn es wird immer Menschen geben, die sich durch die Melodie inspiriert fühlen, und andere, die sich durch diese gestört fühlen. Trotz Widerstand und Angriff bei deiner Melodie zu bleiben und diese laut werden zu lassen, dazu zu stehen und sie in der Welt erklingen zu lassen, das ist die Kunst im Leben.

Ich: Was brauche ich, damit ich dies immer mehr und lauter schaffe?

Papa: Mut, nur Mut.

Ich bin hier auf dieser Erde zu Besuch, um ein paar Dinge zu lernen, weiterzugeben und zu erleben. Ich weiß noch nicht, wie lange ich bleibe. Ich denke, solange ich noch etwas zu tun habe und Freude daran habe, hier zu sein.

Während ich hier bin, sind mir ein paar Weggefährten aus meiner Heimat geschickt worden, um mir Gesellschaft zu leisten. Und ein paar ganz besondere Weggefährten haben ihre Aufgabe hier beendet und konnten schon wieder nach Hause reisen. Ich telefoniere oft mit ihnen und wenn sie mir von zu Hause erzählen, habe ich manchmal schon Heimweh. Aber es gibt auch so viel Schönes, was mich noch ein bisschen hierbleiben lässt. Ich lasse dann immer schöne Grüße nach Hause ausrichten und freue mich auf die kurzen Zeiten in der Nacht, wenn ich sie besuche und von den Neuigkeiten hier berichten kann.

Manche Aufgaben, die sie hier erledigt haben, musste ich nun übernehmen und es kommt vor, dass ich sie vermisse oder wütend bin über die Aufgaben, die sie mir überlassen haben. Aber ich weiß, dass sie nun viel wichtigere Aufgaben haben und hier sind, um die Telefonverbindung aufrechtzuerhalten und mir viel Kraft von zu Hause zu schicken.

Und weißt du, immer, wenn ich besonders glücklich bin, dann spüre ich das unsichtbare Band, das mich mit zu Hause verbindet, ganz stark und ich fühle, wie sehr die Vorausgegangenen sich mit mir freuen und an mich denken.

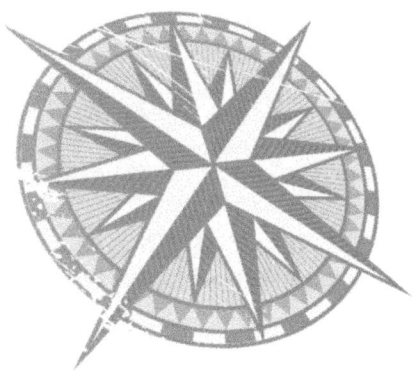

Epilog

Zwischen den Gedanken, zwischen den Worten, zwischen den Träumen und zwischen den Leben gibt es einen Ort, an dem ich dich treffe. Dort ist alles möglich. Dort lebt die Liebe.

Anhang

Basismeditation »Sitzen für die geistige Welt«, »Sitting in the power«

Setz dich bequem hin und schließe deine Augen. Atme dreimal in deinem Tempo tief ein und aus und komme bei jedem Ausatmen mehr und mehr zur Ruhe. Alle Gedanken des Tages, die dich bis eben beschäftigt haben, dürfen nun zur Seite treten und können ganz bewusst beim Ausatmen mit losgelassen werden. Die nächsten Minuten sind deine Zeit, die du nur für dich verbringst, ohne etwas leisten oder sein zu müssen.

Fühle nun beim nächsten Einatmen, wie sich dein Körper anfühlt. Gehe bewusst mit dem Atem die einzelnen Körperregionen in Gedanken durch. Wie fühlt sich dein Kopf an? Gibt es Gedanken oder Verspannungen, die du mit dem Ausatmen noch fließen lassen kannst? Wie fühlt sich dein Schulter- und Nackenbereich an? Auch hier kannst du ganz bewusst noch ein Stückchen mehr loslassen. Gehe nun mit der Aufmerksamkeit zu deinen Armen und Händen. Wie fühlen sie sich an? Fühle als Nächstes, ob noch Verspannungen im Brust-, Bauch- und Beckenbereich losgelassen werden wollen. Und gehe zum Schluss noch mit deiner Aufmerksamkeit die Beine entlang und lasse bewusst alle überflüssigen Energien und Blockaden durch deine Füße in den Boden fließen.

Beim nächsten Einatmen stellst du dir in deiner Mitte ein goldenes Licht vor, dein Seelenlicht. Es ist das, was dich in Wirklichkeit ausmacht.

Lasse nun bei jedem Einatmen das Licht heller strahlen und bei jedem Ausatmen verteilst du es in deinem Körper. Dehne das goldene Licht bis in jede Zelle deines Körpers aus. Jede Zelle schwingt nun wieder in ihrer harmonischen gesunden Schwingung.

Beim nächsten Atemzug dehnst du das Licht noch weiter über die Grenzen deines Körpers hinaus aus, sodass deine ganze Aura erfüllt ist von deinem göttlichen Licht. Bleibe einen Moment in dieser Lichtkugel sitzen und fühle, wie hell und warm und geborgen sich dein eigenes Licht anfühlt.

Bitte nun als Nächstes deinen Geistführer, langsam näher zu kommen, und spüre wie sich die Energie um dich herum verändert. Achte auf das erste Gefühl oder Bild, das du bekommst, und merke es dir als Erkennungszeichen. Bitte ihn, so nah wie möglich zu dir heranzutreten, und stelle dir vor, wie du dich an ihn anlehnen kannst und dich in seinen Armen noch weiter entspannst. Bleibe in dieser Verbindung und sei einfach offen für alle Impulse, die von deinem Geistführer ausgehen.

Bedanke dich dann langsam bei deinem Geistführer und fühle, wie die Dankbarkeit zwischen euch beiden hin- und zurückfließt.

Spüre, wie er sich langsam zurückzieht, und komme allmählich über den Atem wieder hier in den Raum zurück. Öffne erst ganz zum Schluss, wenn du dich wieder hier angekommen fühlst, die Augen.

Über die Autorin

Nina Herzberg hat ihre angeborenen medialen und sensitiven Fähigkeiten in einer 4jährigen Ausbildung bei Pascal Voggenhuber, eines der renommiertesten Medien Europas, professionell ausbilden lassen und ist das einzige deutsche Medium mit Diplom von ihm. Weitere mediale Ausbildungen hat sie am Arthur Findlay Collage in London, bei Arlette Widmer, Colin Bates, Gordon Smith und anderen Medien gemacht.

Sie bietet in ihrer Praxis in Trebur persönliche Beratungen, Jenseitskontakte, Aura-Readings und Heilbehandlungen an und deutschlandweit Ausbildungen, Seminare und Vorträge in den Bereichen Medialität, Heilung und Sensitivität.

Nina ist Gründerin der Plattform *Spirit to go*, die Spiritualität alltagstauglich und lebensnah vermittelt und hat einen sehr erfolgreichen Podcast *Spirit to go – der Talk*, den man über iTunes und Spirit to go kostenfrei hören kann gemeinsam mit Selbstmarketing-Coach Julian Heck ins Leben gerufen.

Infos: www.ninaherzberg de
Events: www.spirittogo.com
Youtube Channel: www.youtube.com/ninaherzberg

CD: Talking to Heaven

Kontakt zu den Verstorbenen

Geführte Meditationen, gesprochen von
Nina Herzberg

Medium Nina Herzberg zeigt dir durch zwei einfache Methoden wie du in der Meditation Kontakt zu deinen Verstorbenen aufnehmen und Botschaften sowie Zeichen erhalten kannst.

Du bekommst eine Meditation zur hellfühlenden Kontaktaufnahme und eine zur visuellen, weil bei jedem Menschen die Wahrnehmung und die Hellsinne unterschiedlich ausgeprägt sind. Durch diese Meditationen kannst du tiefen Frieden mit deinen Angehörigen finden, Zeichen aus deinem Alltag besser verstehen lernen und deinen Kontakt zur jenseitigen Welt intensivieren. Komm mit auf eine Reise in die geistige Welt.

Talking to Heaven - Kontakt zu den Verstorbenen
CD | 60 min | € (D) 19,50
ISBN: 978-3-96442-019-0

www.echnaton-verlag.de

EchnAton Verlag

Der EchnAton Verlag steht für transformierende Literatur.
Neben den Büchern von spirituellen Weisheitslehrern,
Schamanen und Coachs veröffentlichen wir tiefgehende
Romane und Meditations-CDs.

Fordern Sie unseren Gesamtkatalog an!

Aktuelle Neuerscheinungen und Informationen
zu geplanten Veranstaltungen der Autoren
finden Sie auch auf unserer Webseite:

www.echnaton-verlag.de